전구가 반짝반짝

우리 아이 장난감

쉽 게   만 들 기

스마트
토이
DIY

스마트 토이 DIY

초판 인쇄일 2014년 8월 11일
초판 발행일 2014년 8월 20일

지은이 김지인 · 윤수인
발행인 박정모
등록번호 제9-295호
발행처 도서출판 **혜지원**
주소 (130-844) 서울시 동대문구 천호대로 81길 23(장안 1동 420-3)
전화 02)2212-1227 팩스 02)2247-1227
홈페이지 www.hyejiwon.co.kr

기획 · 진행 송유선
디자인 김희연
영업마케팅 김남권, 황대일, 서지영
ISBN 978-89-8379-827-5
정가 16,000원

이 도서의 국립중앙도서관 출판시도서목록(CIP)은 서지정보유통지원시스템 홈페이지(http://seoji.nl.go.kr)와 국가자료공동목록시스템 (http://www.nl.go.kr/kolisnet)에서 이용하실 수 있습니다.(CIP제어번호 : CIP2014022442)

스마트 토이 DIY

김지인, 윤수인 공저

혜지원

p.r.o.l.o.g.u.e

우리 아이만을 위한

세상에 하나뿐인

색다른 장난감을

만들 수는 없을까?

돈만 주면 살 수 있는, 누구나 가지고 있는 장난감이 아닌 내 아이만을 위한 맞춤장난감을 만들어 주고 싶다는 생각을 많은 부모님들이 한 번쯤은 해 보았을 것이다. 이 책은 펠트 소재와 함께 전도성 실과 LED 전구를 활용해 불빛이 들어오는 색다른 펠트 장난감을 만들어 볼 수 있는 책이다. 전도성 실이라는 재료가 다소 낯설게 느껴질 수도 있겠지만 스마트폰용 장갑에 들어가는 실이라고 생각하면 이해가 쉬울 것이다.

책은 크게 세 부분으로 구성되어 있다. 먼저 장난감을 만들기 위해 기본적으로 필요한 준비물과 바느질에 대한 이해를 돕는 '기본 편', 다음은 장난감을 만들기 위해 필요한 준비물과 과정을 사진으로 담은 '만들기 편', 마지막으로는 각 장난감의 도안이 담겨 있는 '도안'이다. 기본 편은 재료 및 도구에 대한 이해를 돕기 위해 준비물에 대한 간략한 정보를 제공하는 '준비물', 모든 장난감을 제작할 때 기본적으로 들어가는 '전지케이스 만드는 법'에 대한 설명, 이어서 러닝스티치, 버튼홀 스티치, 공그르기, 체인스티치 등과 같이 장난감을 제작하기 위해 필요한 바느질 및 양모펠트를 활용해 형태를 만드는 법에 대한 내용을 담았다.

만들기 편에서는 각각의 장난감 제작 과정을 상세하게 사진으로 보여줬다. 처음 만드는 사람도 누구나 쉽게 따라할 수 있도록 자세하게 설명하였으며, 중간중간 이해를 돕기 위해 따로 그림이나 팁을 제공하였다. 또한 전기 불이 들어오는 원리를 이해할 수 있도록 회로도를 함께 삽입했다.

마지막으로 도안은 장난감을 만들기 위해 필요한 조각들이 어떻게 구성되는지를 보여 주기 위한 파트이다. 만들기 편에 수록되어 있는 사진으로도 이해가 가능하지만 좀 더 쉽게 도면을 그릴 수 있도록 마련했다. 각각 만들고 싶은 크기로 자유롭게 확대 복사하여 사용할 수 있도록 특별히 사이즈에 대한 표기가 필요한 경우를 제외하고는 사이즈 표기는 하지 않았다.

장난감은 총 10개의 아이템이 수록되어 있으며 아이들이 좋아할 만한 소재와 놀이를 중심으로 내용을 구성했다. 곰돌이와 꿀벌, 민들레 홀씨, 공작새는 아이들이 좋아할 동물과 꽃을 활용하여 일정한 장소를 누르면 불이 들어오는 경험을 통해 재미를 느낄 수 있도록 했다. 어디를 눌러야 불이 들어올지 아이와 함께 찾아보기 놀이를 해 보는 것도 좋을 것이다.

손장갑 인형놀이, 사랑의 편지함, 낚시놀이는 부모와 아이가 '함께' 할 수 있는 놀이를 제공하기 위해 만들었다. 특히 사랑의 편지함은 가족 간에 서로 손으로 쓴 편지를 주고받는 기회를 가지기를 바라는 마음으로 구성한 아이템이다. 카메라 파우치, 신기한 주방놀이는 아이들이 가장 좋아하는 사진 찍기 놀이와 주방놀이에 활용할 수 있도록 했다. 이어폰 줄감개는 아이와 부모가 세트로 만들어 사용하면 친밀도가 높아질 수 있을 것이다. 마지막으로 애완견 리드줄은 바쁜 사회생활로 인해 밤에 산책하는 일이 잦은 반려견의 안전을 고려하여 만든 아이템이다.

자신의 동작에 반응하여 장난감에 빛이 들어오는 경험을 통해 단순히 무선으로 조종하는 종류의 장난감과는 다른 교류를 할 수 있으며, 정서적 따스함을 느낄 수 있을 것이다. 또 수록된 장난감을 응용하여 새로운 장난감을 함께 궁리해 보고 만들 수도 있을 것이다. 무엇보다 이 책에 소개된 장난감을 아이와 부모가 함께 만들어 가는 과정을 통해 하나밖에 없는 장난감은 물론, 마음속에 간직할 수 있는 추억의 시간 또한 만들어 낼 수 있기를 희망한다.

마지막으로 이 책을 출판할 수 있도록 도와주신 도서출판 혜지원의 박정모 대표님과 출판의 과정을 총괄해 주신 송유선 대리님께 감사의 마음을 전한다.

저자 김지인, 윤수인

smart toy diy

스마트 토이 DIY

c.o.n.t.e.n.t.s.

I 기본 편

× × ×

II 만들기 편

× × ×

part 1

smart toy diy

× × ×

기본 편

1. 준비물

2. 전지케이스 만드는 법

3. 기본 스티치 및 부자재 부착 방법

❶ 펠트 원단

일반적인 천과 달리 펠트는 양과 같은 짐승의 털을 원료로 하여 습기와 압력을 가해 만든 원단이다. 부직포의 형태이며 두께는 1~3mm로 다양하다. 풀먹임 가공을 해서 뻣뻣한 펠트를 하드 펠트(유수지)라고 하고, 풀먹임 가공을 하지 않아 부드러운 펠트를 소프트 펠트라 한다. 다양한 색상과 두께가 있으며 가격대는 판매처에 따라 다르다.

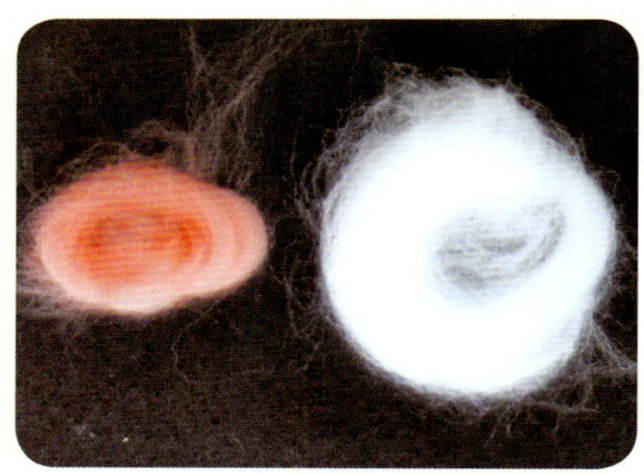

❷ 양모 펠트

양털을 압축가공해서 원단 형태로 만들지 않고 뭉쳐 놓은 상태의 것을 양모 펠트라 한다. 다양한 색상과 두께가 있다.

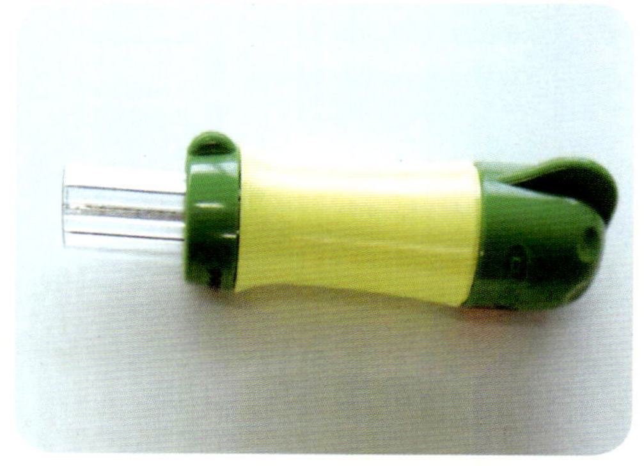

❸ 니들펠트 바늘

니들펠트용 바늘은 양모 펠트 전용 바늘이다. 1구, 3구, 5구 바늘이 있다. 1구는 바늘이 1개, 3구는 3개, 5구는 5개 달려 있다. 가격은 5구 바늘이 가장 비싸며 약 25,000원 선이다. 인터넷에서 니들펠트 바늘로 검색하면 쉽게 구입할 수 있다.

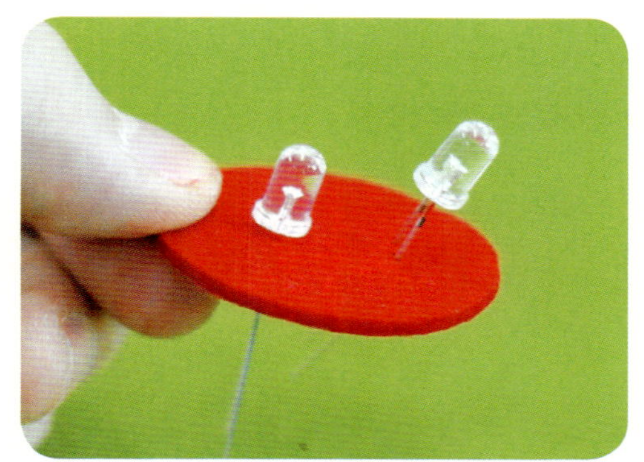

❹ LED 전구

발광 다이오드 전구로 다양한 종류와 색상이 있다. 본서에서 사용하는 LED 전구는 다리가 달려 핀처럼 꽂을 수 있는 형태이다. 다리가 조금 긴 쪽이 +극, 짧은 쪽이 −극이다. 빨간색 LED 한 개의 가격은 약 100원 이하로 저렴한 편이다.

❺ 네오디움 자석

일반 자석보다 훨씬 강력한 자력을 가진 영구자석으로 성능대비 가격이 저렴하다. 원형, 사각형, 링형 등 다양한 모양이 있으며 사이즈 또한 다양하다. 본서에서는 원형을 사용했다. 인터넷에서 네오디움 자석으로 검색하면 다양한 구매처가 검색되므로 어렵지 않게 구입할 수 있다. 지름 3cm, 두께 3mm 정도의 원형 자석 1개가 약 1,000원 선이다.

❻ 전도성 실

일반 실과 달리 전기가 통하는 실이다. 최근에는 스마트폰용 장갑에 많이 쓰여 '스마트 실'이라는 명칭으로 사용되기도 한다. 인터넷에서도 전도성 실, 스마트 실로 검색하면 쉽게 구입할 수 있으며 5m에 약 5,000원 정도이다.

❼ 코인형 3V 리튬 건전지

다양한 전기 제품에 많이 사용되는 동전 모양의 건전지
이다. 일반적으로 직경 약 20mm, 두께 약 2.5mm의 사
이즈이며 개당 가격은 약 2,500원 선이다. 문구점이나
편의점에서 쉽게 구입할 수 있다.

❽ 광섬유

전기를 연결하면 빛을 발하는 섬유이다. 10m 정도에
4,500원 선으로 저렴하게 구입할 수 있다. 인터넷에 광
섬유로 검색하면 많은 판매처를 쉽게 찾을 수 있다.

❾ 롱노우즈 플라이어

주로 작고 섬세한 대상물을 접거나 비틀 때 사용하는 공
구이다. 본서에서는 주로 LED 다리를 휘어 주는 데 사
용한다.

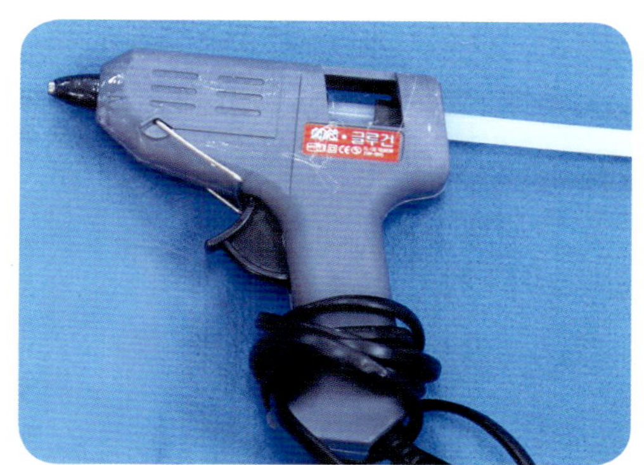

❿ 글루건

전기를 사용해 가소성 플라스틱 접착제를 녹여 접착할 수 있도록 하는 총 모양의 도구. 방아쇠처럼 생긴 부분을 누르면 열이 발생해 고체형 접착제가 녹는다.

⓫ 100k옴 저항

저항은 LED가 필요로 하는 전류 값을 맞추기 위한 것으로 LED가 필요로 하는 전류보다 많이 발생하면 LED가 필요한 전류 값으로 낮추어 주는 역할을 한다. 약 50원 선.

⓬ 기울기 센서(수평 센서)

센서 안에 담겨 있는 전도성을 지닌 플루이드(fluid)가 기울어지면서 스위치 역할을 한다. 약 700원 선.

⓮ 빛 센서(조도 센서)

빛이 있을 때는 저항값이 커져서 전류가 흐르지 못하게
되고(스위치 off 역할), 빛이 없으면 저항값이 작아져서
전류를 흐르게 하는(스위치 on 역할) 센서이다. 약 300
원 선.

⓮ 마이크로 스위치(누름 스위치)

스냅 동작에 의해 전류를 개폐할 수 있도록 한 스위치.
다양한 모양이 있으며 본서에서 사용한 것은 다리 3개가
모두 아래를 향하고 있는 형태의 마이크로 스위치이다.
인터넷에서 검색하면 다양한 판매처가 나온다. 가격대는
2,000~3,000원 선.

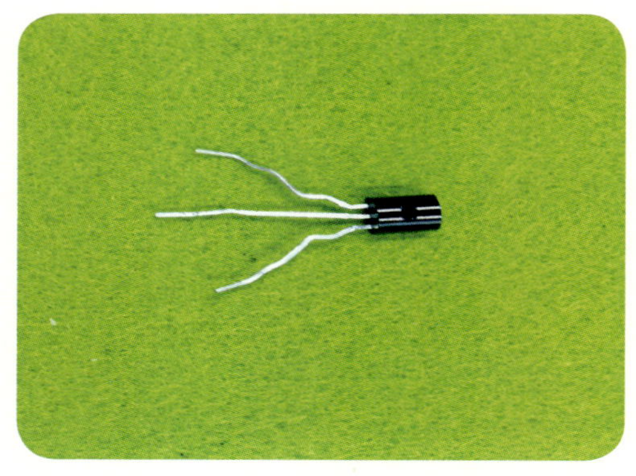

⓯ 트랜지스터

반도체를 세 겹으로 접합하여 만든 전자 회로 구성요소
로, 전류나 전압 흐름을 조절하는 역할을 한다. 가격은
약 100원 선.

× × ×

{ 전지케이스는 모든 장난감에 가장 기본적으로 들어가므로 만드는 방법과 원리를 알아 두어야 한다. 전도성 실 자체에는 극이 없지만 전기를 전달해 주기 때문에 이 실로 바느질하여 접점을 만들어 주고 전지를 넣으면 +극이 닿는 면은 +극을, −극이 닿는 쪽이 닿는 면은 −극을 전달할 수 있게 된다. }

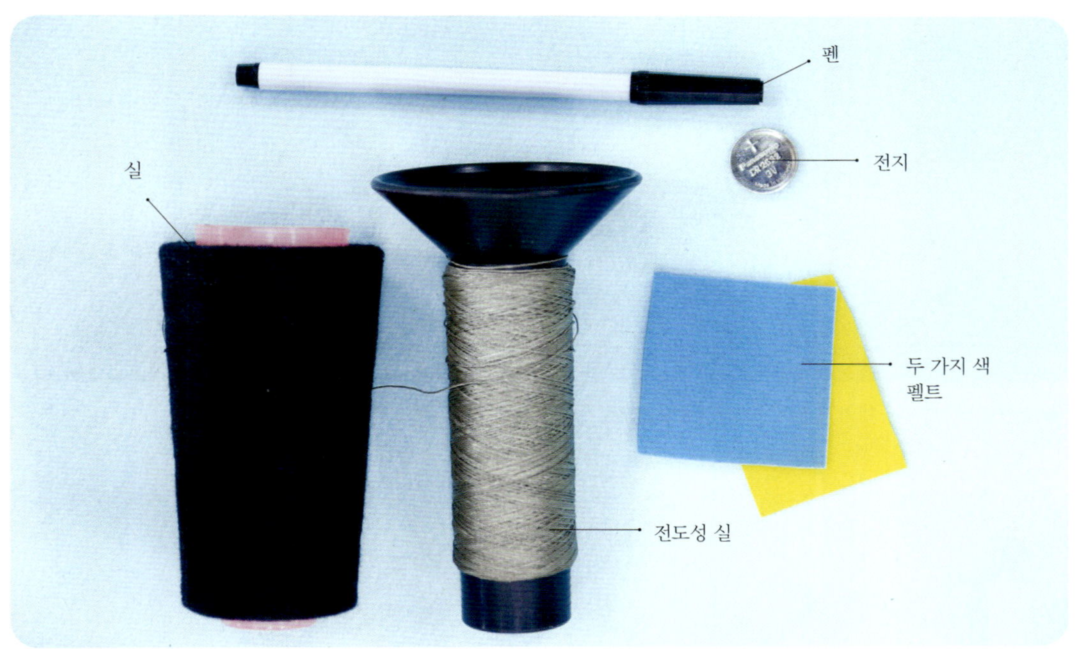

준비물

❶ 펠트를 전지보다 조금 크게 재단한다.

❷ 펠트의 중간에 전도성 실로 수를 놓듯 바느질한다. 바느질을 마무리할 때 실을 길게 빼 준다.

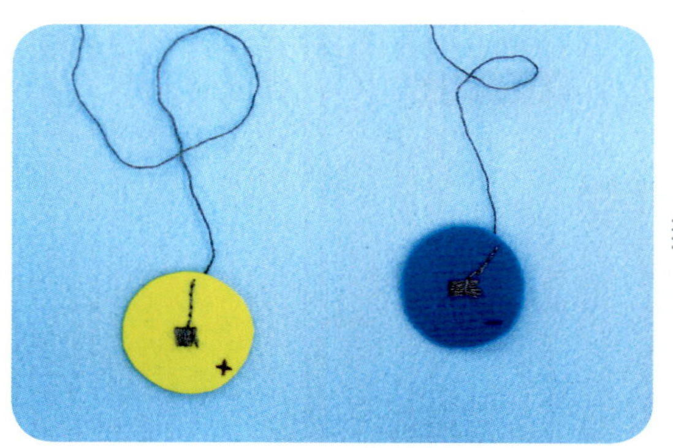

❸ 2번의 과정을 두 개의 펠트에 모두 한 후, 펜으로 각각 +와 − 표시를 한다.

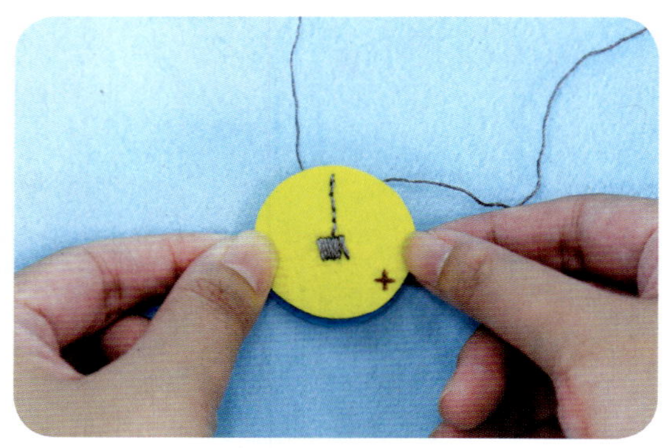

❹ 두 개의 펠트를 서로 겹쳐 준다.

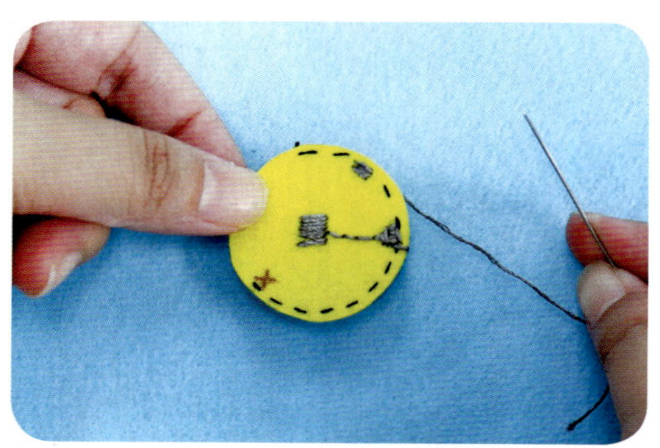

❺ 전지가 들어갈 구멍을 남겨 두고 테두리를 꿰맨다.

❻ +와 −를 잘 맞춰 전지를 넣어 준다.

🧵 러닝 스티치

❶ 러닝 스티치를 시작할 펠트를 바탕 펠트 위에 올린다.

❷ 러닝 스티치를 할 위치에 라인을 그어 준다.

❸ 바탕 펠트의 뒷면에서 앞으로 바늘을 빼낸다.

❹ 왼쪽 방향으로 한 땀 찔러 준다. 바늘땀의 간격은 3~5mm 정도가 적당하다.

❺ 펠트 뒷면에서 같은 간격을 주면서 왼쪽으로 이동해 가며 바느질한다.

❻ 동일한 방법으로 계속해서 이어간다.

❼ 러닝 스티치가 완성되었다.

❶ 아플리케 할 조각을 바탕 펠트 윗면의 원하는 위치에 놓고 바늘을 바탕 펠트 뒷면에서 아플리케 할 조각의 재단선에 맞추어 앞쪽으로 통과시킨다.

❷ 재단선의 3mm 안쪽 지점에서 바느질을 시작한다.

❸ 바늘을 뒷면으로 뽑고 실을 당겨 아플리케 할 조각과 바탕 펠트를 고정한다.

❹ 바탕 펠트 뒷면에서 2~3mm 정도 옆으로 이동하여 같은 방법으로 바느질을 한다.

 ❺ 시작 지점까지 동일한 방법으로 바느질을 한다.

 ❻ 매듭은 바탕 펠트 뒷면에서 지어 준다.

 ❼ 아플리케 완성

❶ 아플리케 할 조각을 바탕 펠트 윗면의 원하는 위치에 놓고 바늘을 바탕 펠트 뒷면에서 아플리케 할 조각의 재단선에 맞추어 앞쪽으로 통과시킨다.

❷ 재단선의 3mm 안쪽 지점으로 바느질을 한다.

❸ 처음 바느질한 지점에서 바늘을 빼낸다.

❹ 2~3mm 옆으로 이동하여 바늘을 뒤로 통과시킨다. 실은 끝까지 당기지 말고 20mm 정도 남긴다.

❺ 펠트의 재단선에 맞추어 뒤쪽에서 바늘을 찌르고 4번에서 남긴 20mm 실의 고리 사이로 바늘을 통과시킨다.

❻ 바늘을 통과한 실의 고리가 없어질 때까지 당긴다.

❼ 위와 같은 방법으로 옆 땀으로 이동해서 바늘을 통과시킨 후 실의 고리를 남겨 둔다.

❽ 실의 고리 사이로 바늘을 통과시킨다. 같은 방법으로 옆 땀으로 이동하면서 아플리케를 완성해 나간다.

❾ 바느질 시작 지점 한 땀 전까지 아플리케를 한다. 시작 지점과 마지막 지점은 아플리케 조각의 외곽선에서 한 땀으로 연결한다.

❿ 버튼홀 스티치 모양의 아플리케 완성

🧵 버튼홀 스티치

❶ 버튼홀 스티치 할 펠트 두 장을 준비한다.

❷ 펠트 두 장 중 앞장의 뒷면에서 앞으로 바늘을 빼낸다.

❸ 실을 왼쪽으로 돌려 사진과 같이 실고리를 만든
다.

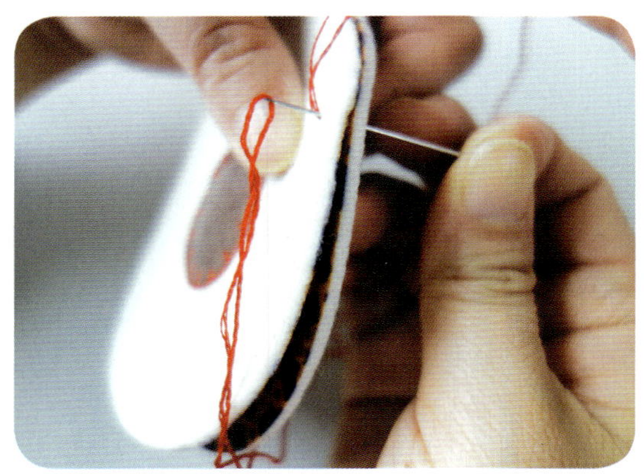

❹ 바늘을 뽑은 처음의 지점으로 2장을 한꺼번에
통과시킨다.

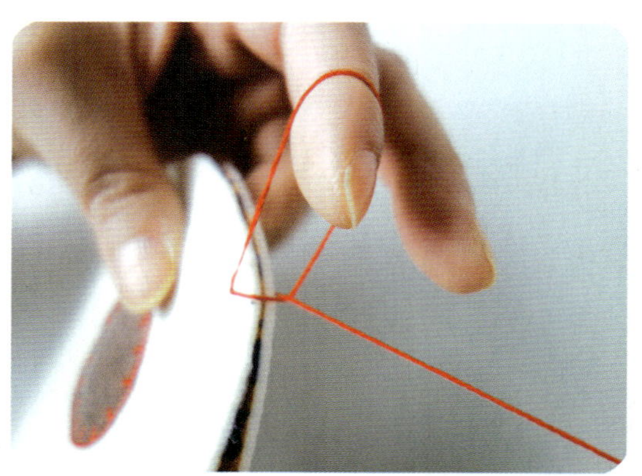

❺ 이때 바늘을 실고리 사이로 빼낸 후 단단하게
당긴다.

❻ 왼쪽으로 3mm 옮겨간 후 다시 앞에서 뒤로 2
장을 통과시켜 바느질한다. 이때 다시 사진과 같이
고리 모양을 만든다.

❼ 바늘을 뒤에서 앞으로 고리 사이로 빼낸다.

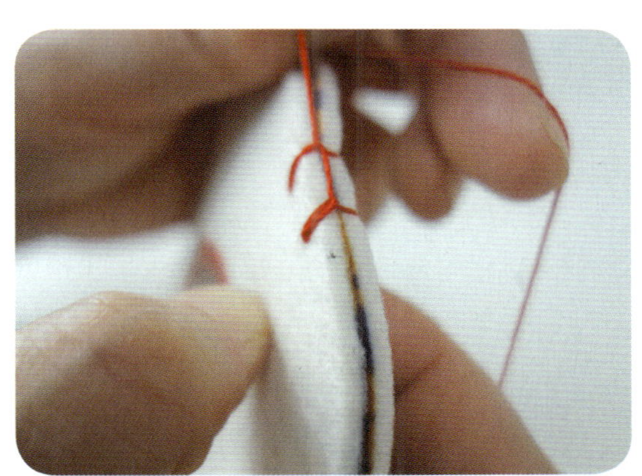

❽ 실을 옆으로 당겨 고리를 없앤다.

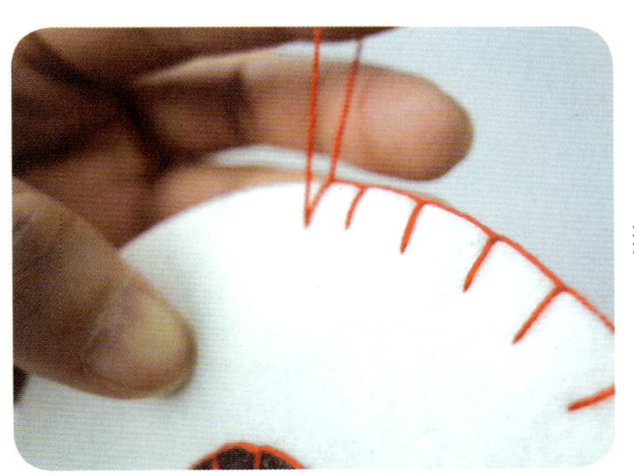

❾ 버튼홀 스티치의 마지막 땀은 같은 자리에 두 번을 반복한다. 버튼홀 스티치는 매듭을 지을 필요가 없다.

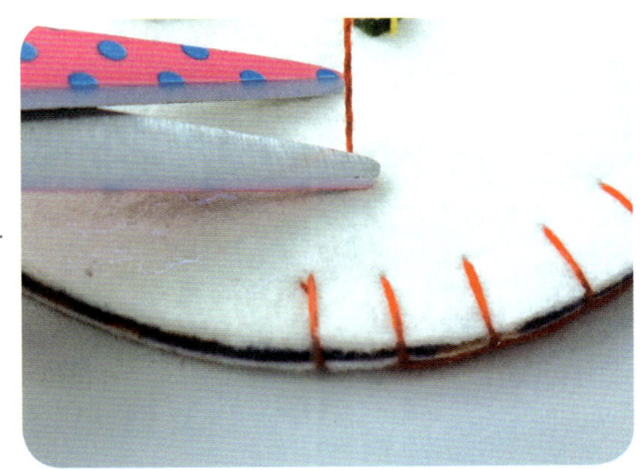

❿ 뒷면에서 앞면으로 15mm 안쪽에서 바늘을 빼낸 후 자른다. 항상 실의 여유분은 펠트 사이로 떠서 남겨두는 게 좋다.

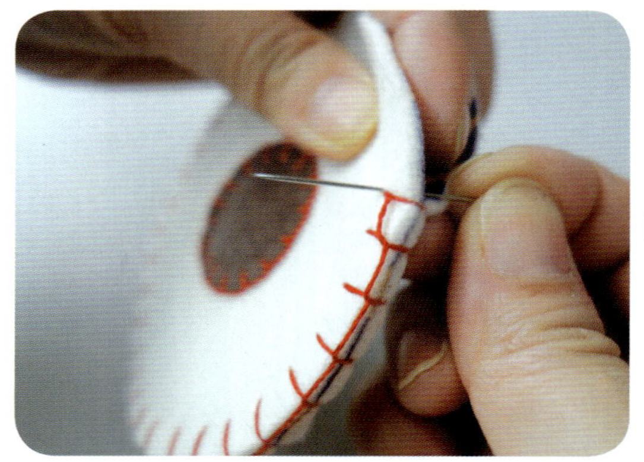

❶ 새로 실을 꿰어 버튼홀 스티치가 끝나는 마지막 땀의 뒷면에서 바늘을 빼낸다.

❷ 펠트 외곽선 앞장과 뒷장이 만나는 부분 사이에 바늘을 끼워서 빼낸다.

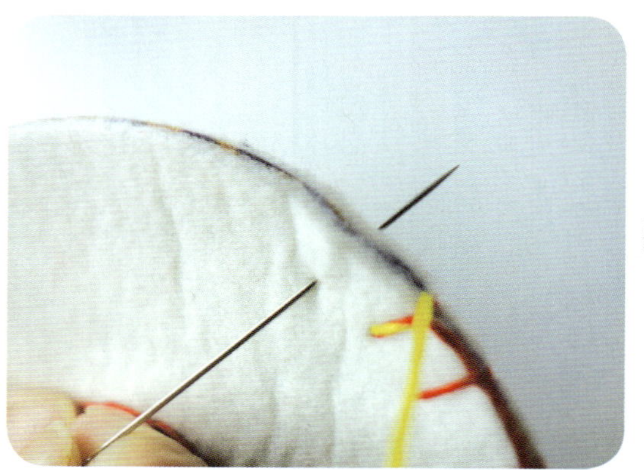

❸ 실을 새로 끼운 모습

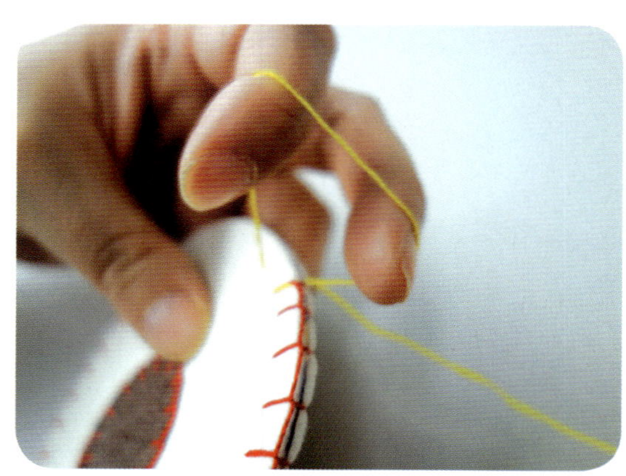

❹ 뒤에서 앞으로 실고리를 통과한다.

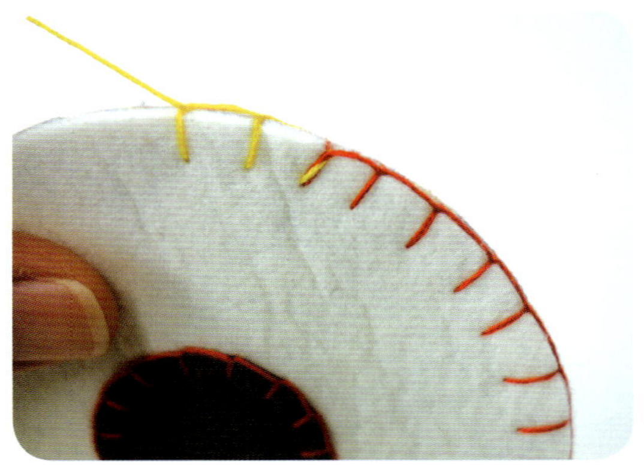
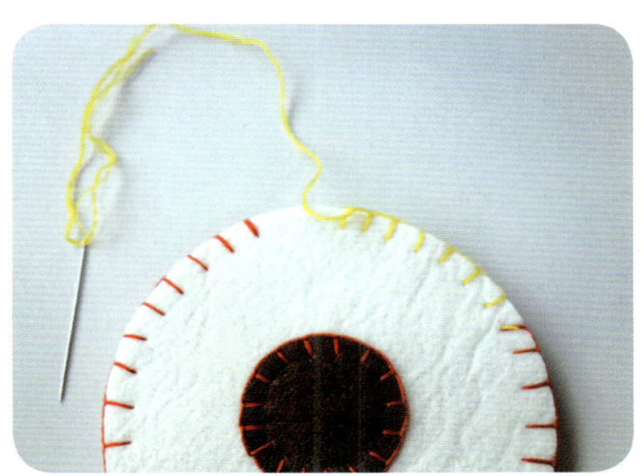

❺ 왼쪽으로 실을 잡아당겨 모양을 잡으며 버튼홀 스티치를 한다.

❻ 실의 색을 바꿔 버튼홀 스티치를 완성했다.

 **끼워 박기**

❶ 버튼홀 스티치를 진행하다 끼워 박기 할 위치가 오면 바느질을 마무리하지 않은 채 두고, 끼워 박을 조각을 구멍에 맞추어 넣는다.

❷ 바늘로 앞면에서 뒷면까지 한 번에 모든 펠트를 통과시킨다.

❸ 이때 실은 끝까지 당기지 않고 20mm 정도 남긴다.

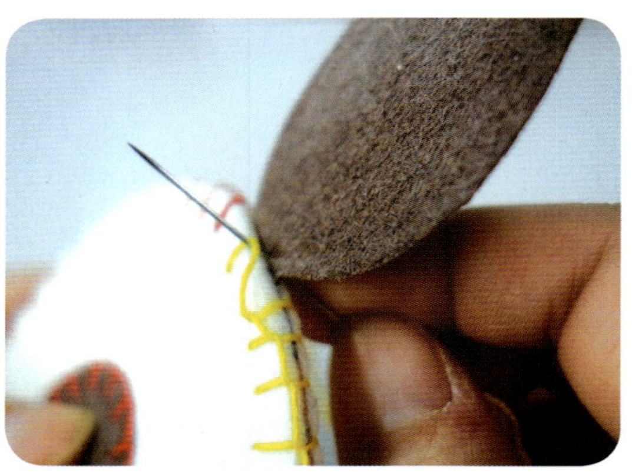

❹ 끼워 넣은 펠트만 뒷면에서 앞면으로 바늘을 통과시킨다.

❺ 실고리 사이로 바늘을 빼낸다.

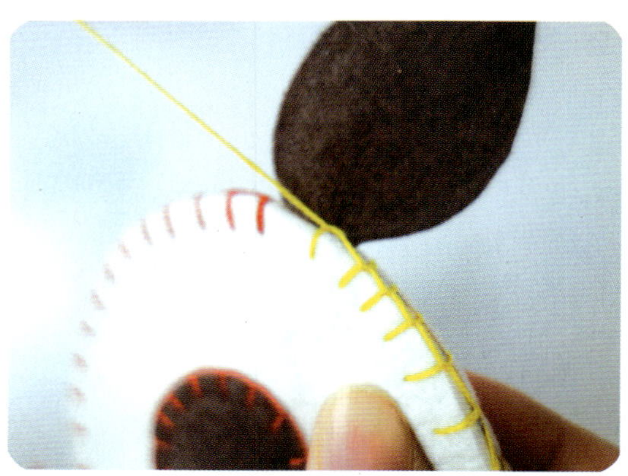

❻ 옆으로 당겨 스티치의 모양을 잡는다.

❼ 끼워 박기를 끝내고 마무리할 때는 한 땀 옆으로 가서 처음 스티치 때 바늘을 빼낸 지점의 앞면에서 뒷면으로 바늘을 통과시킨다. 이때 전부 당기지 않고 고리를 남겨 둔다.

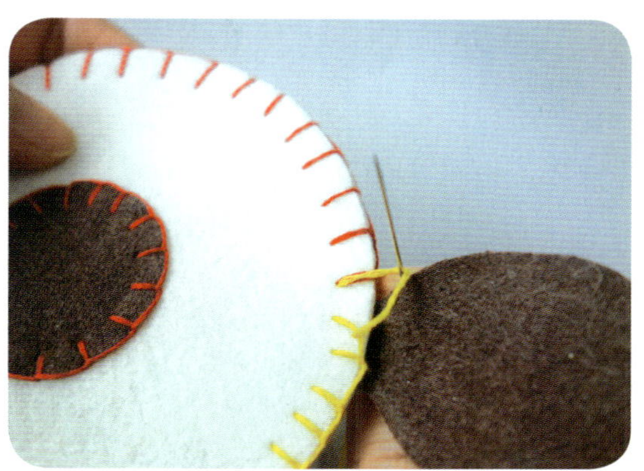

❽ 바늘을 앞면으로 보내 고리를 통과시킨다.

❾ 다시 같은 지점의 뒷면에서 앞면으로 바느질하여 바늘을 빼낸다.

❿ 뒷면의 같은 지점에 바늘을 통과시킨 후 1.5cm 정도 땀을 길게 뜬다.

❶❶ 잡아당긴다.

❶❷ 자르고 마무리한다.

❶ 표시된 선의 끝 부분의 뒷면에서 앞면으로 바늘을 빼낸다.

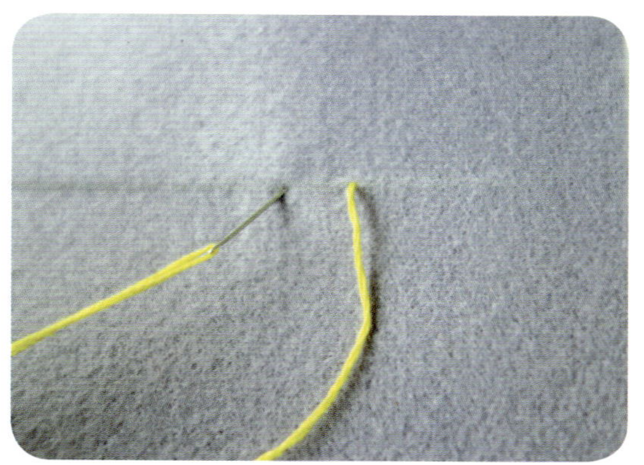

❷ 옆으로 한 땀 이동하여 바늘을 뒤쪽으로 찔러준다.

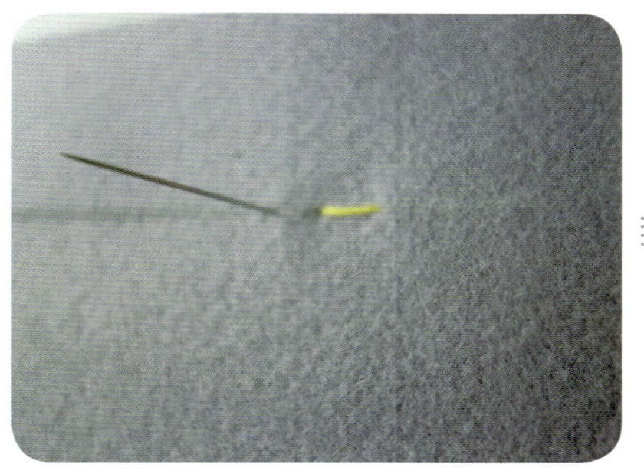

❸ 뒷면에서 바늘을 다시 옆 땀으로 이동하여 앞으로 빼낸다.

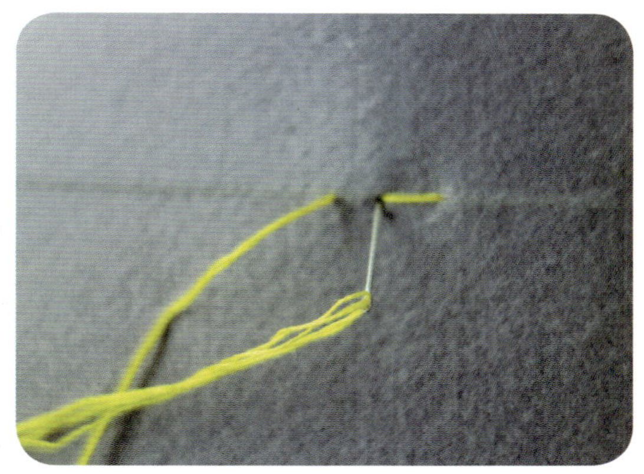

❹ 바느질 방향을 반대로 바꿔 바로 앞 땀이 끝난 지점에 바늘을 통과시킨다.

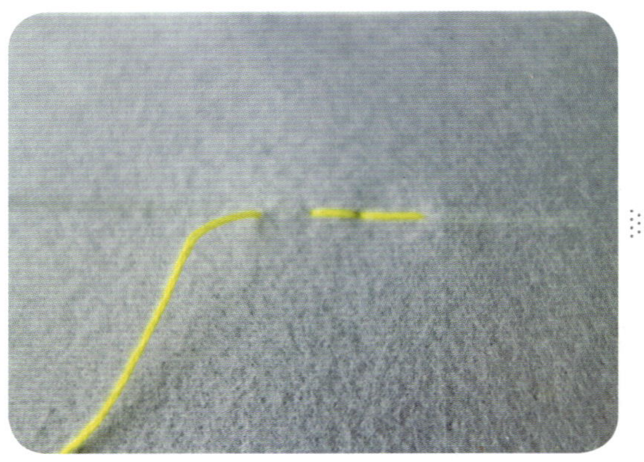

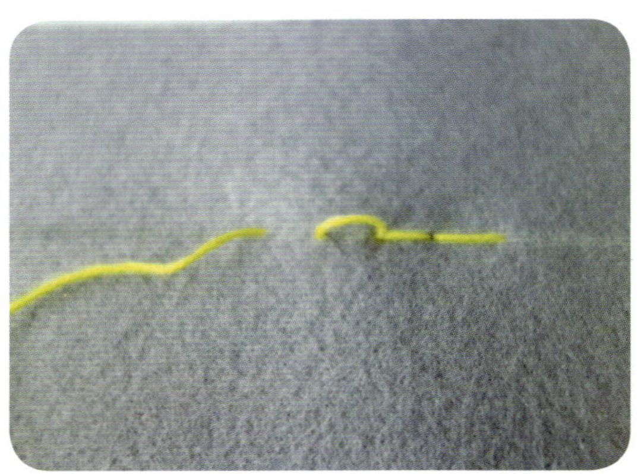

❺ 뒷면에서 옆 땀으로 이동해 앞으로 바늘을 빼낸다.

❻ 다시 앞 땀이 끝난 지점에 바늘을 통과시킨다.

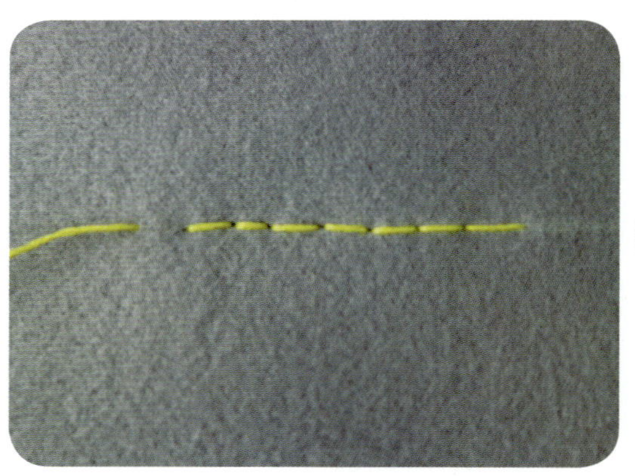

❼ 앞과 같은 과정을 반복하여 백스티치를 완성한다.

❽ 펠트의 뒷면에서 매듭을 짓는다.

❾ 가위로 자르고 마무리한다.

공그르기

❶ 튀어나온 창구멍 부분에 공그르기 할 준비를 한다.

❷ 창구멍의 시접 부분을 안쪽으로 접는다.

❸ 시접 사이로 바늘을 넣어 위쪽으로 나오게 한다.

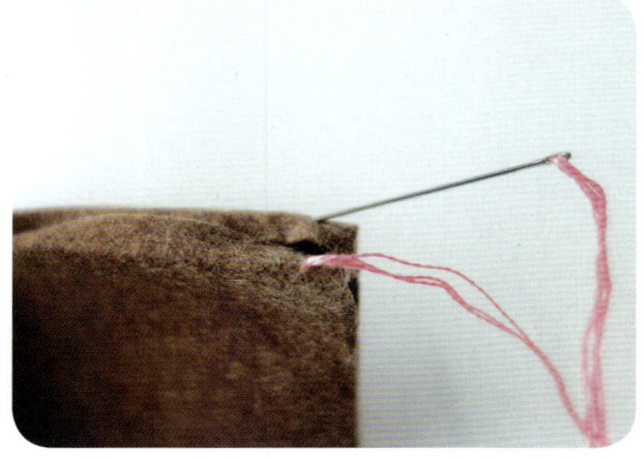

❹ 반대편으로 바느질을 한다.

❺ 4번과 같이 반대 방향 시접의 같은 위치에 바늘을 찔러 한 땀을 뜬다.

❻ 같은 과정을 반복하여 겉에 바느질 자국이 보이지 않도록 바느질을 한다.

❼ 공그르기 완성

❽ 매듭을 짓고 실을 잘라 마무리한다.

체인 스티치

❶ 스티치 할 곳을 기화펜으로 표시한다.

❷ 시작점의 뒷면에서 바늘을 찌른다.

❸ 바늘을 빼낸다. 그리고 바늘이 나온 곳의 바로 옆 지점을 다시 찔러 준다.

❹ 이때 실을 끝까지 당기지 않고 조금 남겨 고리를 만든다.

❺ 고리 사이로 바늘을 나오게 한다.

❻ 나온 곳으로 다시 바늘을 찔러 준다.

❼ 위와 같은 방법으로 스케치 선을 따라 바느질을 한다.

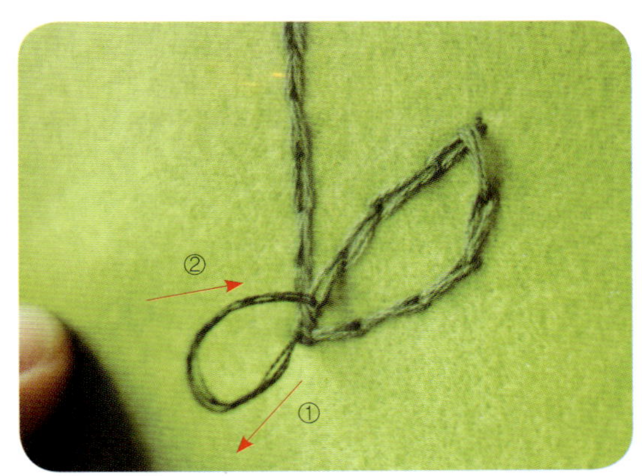

❽ 스케치 선이 모두 채워졌으면 바늘을 두 땀 정도 띄워서 뒷면에서 앞면으로 보낸 후(①), 마지막에 만들어진 고리 사이로 넣는다(②).

❾ 뒷면에서 매듭지어 마무리한다.

▣ 새틴 스티치

❶ 빈 면을 채울 시작 지점 뒷면에서 바늘을 빼낸
다.

❷ 채워야 할 맞은편으로 한 땀 찌른 후 뒤로 빼낸
다.

❸ 빈 면을 한 땀씩 채워가는 느낌으로 바느질한
다.

❹ 같은 방법으로 빈 면을 꼼꼼하게 새틴 스티치로
채운다. 마지막 스티치가 끝나면 바늘을 뒷면으로
보낸다.

❺ 뒷면에서 매듭을 지어 마무리한다.

❶ 스티치를 할 위치에 맞추어 바늘을 뒷면에서 앞면으로 빼낸다.

❷ 실을 바늘에 여러 번 감아 준다. 실을 감은 횟수가 많을수록 매듭의 크기가 커진다.

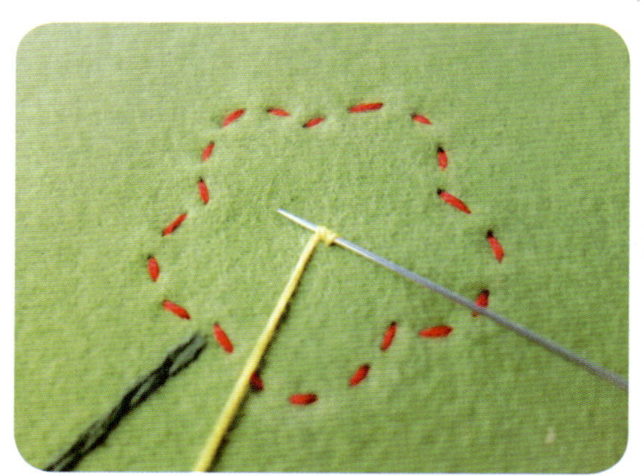

❸ 실을 탄탄하게 당겨 바늘을 펠트에 밀착시킨다.

❹ 바늘이 나온 자리로 다시 바늘을 통과시킨다.

❺ 프렌치 노트 스티치 완성

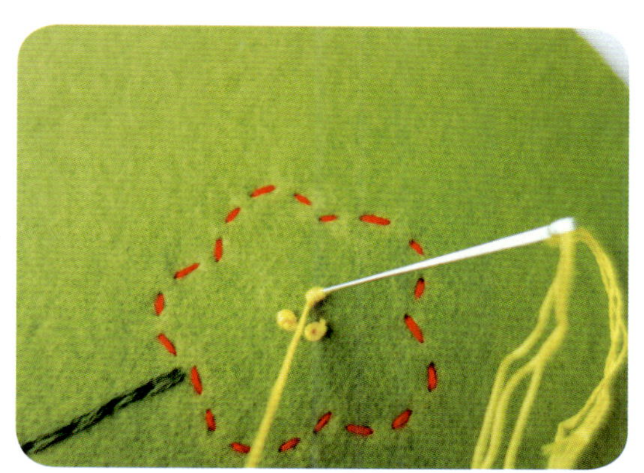

❻ 스티치를 추가하고 싶은 부분에 프렌치 노트 스
티치를 만들어 준다.

❼ 완성

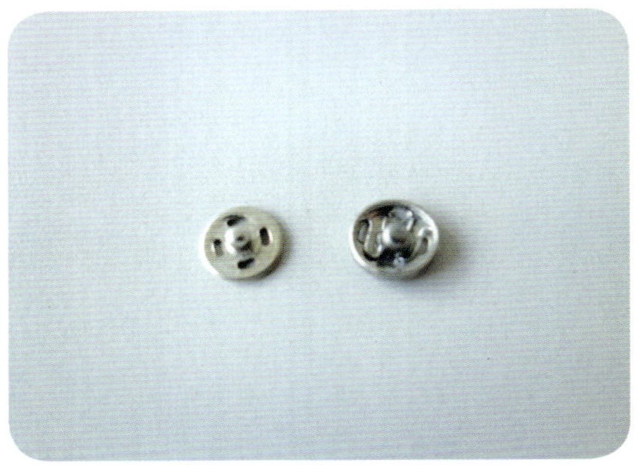

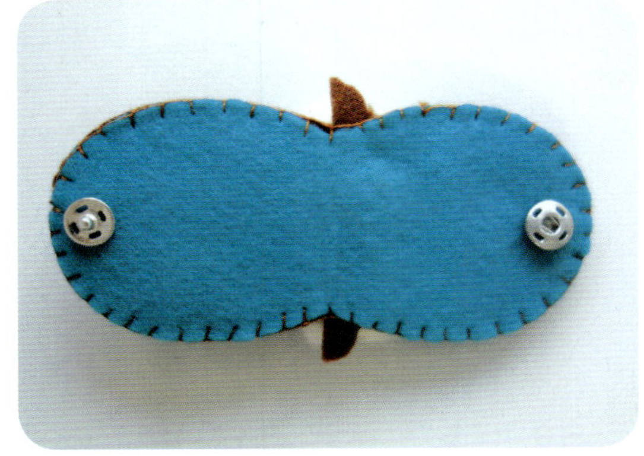

❶ 똑딱단추를 열면 얇은 것, 두꺼운 것으로 나누어진다.

❷ 얇은 것은 사진과 같이 볼록한 부분이 위로 가게 하고, 두꺼운 것은 볼록한 부분이 아래로 향하게 위치를 잡는다.

❸ 단추를 달 자리에 매듭의 위치가 오게 바느질한다.

❹ 매듭이 가려지게 똑딱단추를 놓고, 단춧구멍에 바늘을 통과시킨다.

❺ 똑딱단추의 구멍 네 개에 바느질을 한다. 한 구
멍에 바느질은 두세 번 정도가 적당하다.

니들펠트 공 만들기

❶ 니들펠트용 바늘, 스폰지, 펠트를 준비한다.

❷ 펠트를 적당한 크기로 자른다.

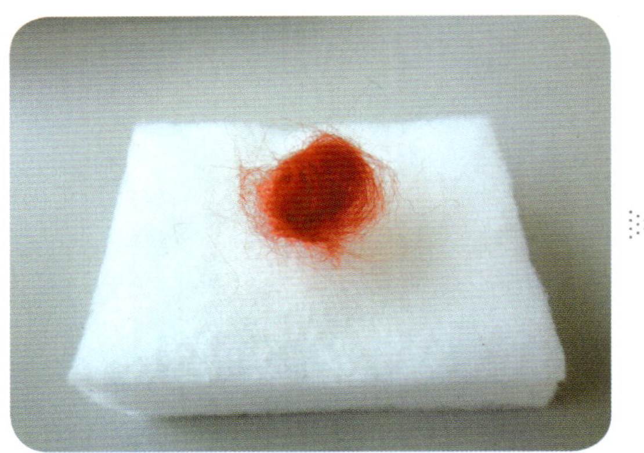

❸ 원하는 모양으로 대강의 형태를 잡고 스폰지 위에 올려놓는다.

❹ 바늘을 사용해 펠트가 서로 엉겨 붙도록 찔러준다.

❺ 바늘이 깊숙이 들어가도록 찔러 준다. 반복해서여러 번 찌른다.

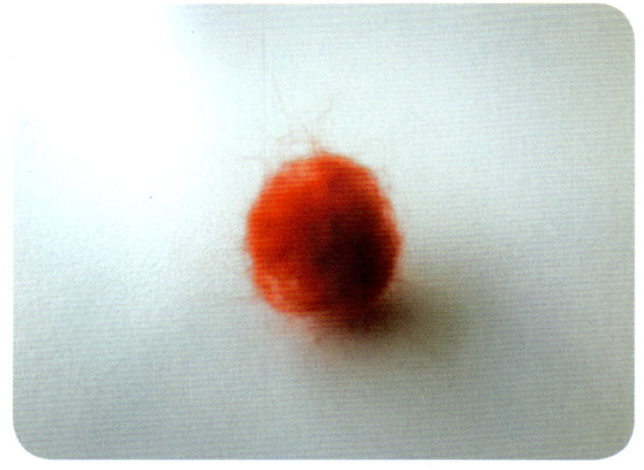

❻ 펠트끼리 서로 엉겨 붙어 공 모양의 펠트가 완성되었다.

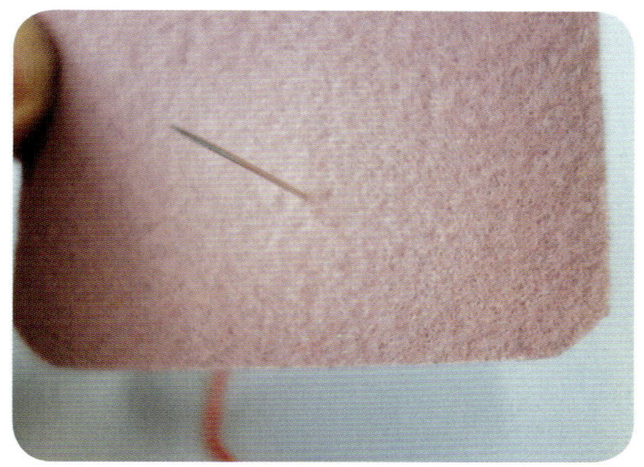

❶ 펠트 공을 부착할 위치에 바늘을 뒤에서 앞으로
통과시킨다.

❷ 바늘을 펠트 공에 통과시킨다.

❸ 바늘을 뒤쪽으로 보낸다.

❹ 뒤에서 바늘을 당겨 공을 단단히 부착시키고,
뒷면에서 매듭을 지어 마무리한다.

part 2

smart toy diy

× × ×

만들기 편

곰돌이와 꿀벌

아이들이 사랑하는 동물 캐릭터 중 하나인 곰돌이. 꿀통을 들고 있는 곰돌이의 꿀을 노리는 꿀벌들의 이야기를 만들어 들려주는 것은 어떨까? 재미있는 스토리와 연결되는 아이템을 활용해 아이의 창의력과 상상력을 높여보자.

제작원리 곰이 들고 있는 꿀통을 누르면 벌의 꼬리에 불이 들어오는 원리

READY

준비물

검은색 유성펜
전도성 실
노란색 5파이 사이즈의 LED 2개
색실(펠트에 맞는 색실로 준비)
펠트(갈색, 파란색, 하늘색, 흰색, 진한 갈색, 연보라색, 노란색, 진한 파란색)

* 재료는 본인이 만들고자 하는 곰의 사이즈에 맞추어 각각 여유 있게 준비하면 되며, 색상도 자신의 취향에 맞게 바꿔도 무방하다. 펠트끼리 붙일 때는 바느질을 해도 되지만 간편하게 글루건을 사용해도 된다.

1

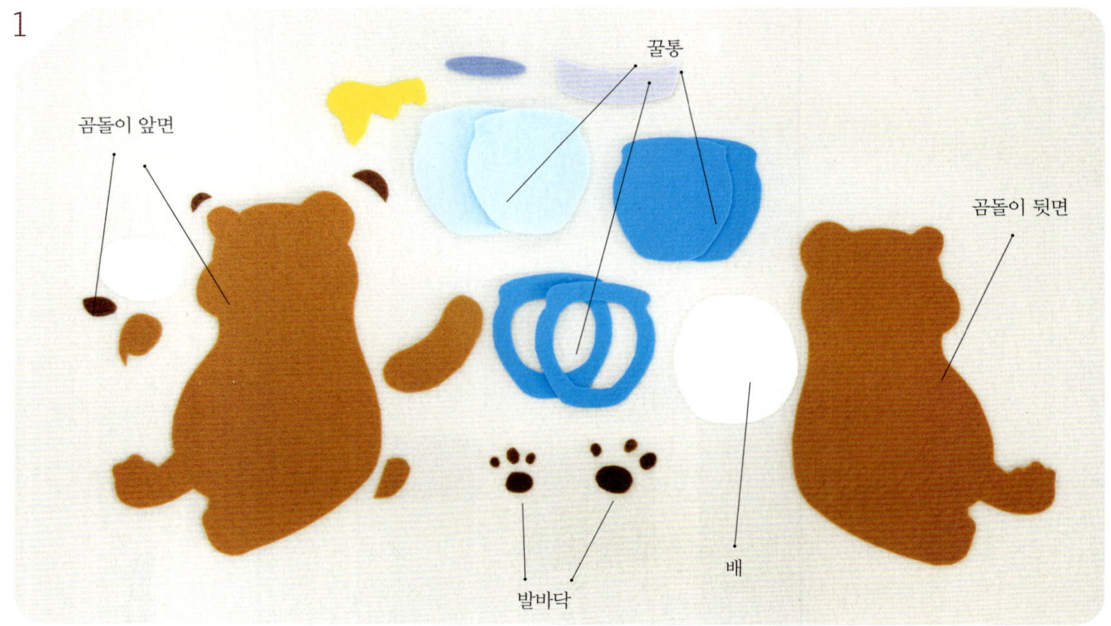

펠트를 도면대로 재단한다.

🎀 곰돌이 몸통 만들기

2

곰의 앞면에 귀와 입을 글루건으로 붙인 후 눈과 표정을
실로 수놓아 준다.

3

곰의 앞면에 배와 발바닥을 글루건으로 붙인 후 다리 라
인을 수놓아 준다.

4

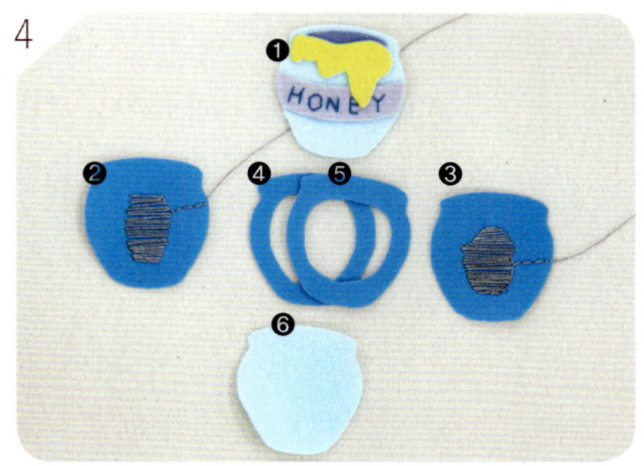

먼저 가장 윗면에 꿀통의 장식을 순서대로 붙이고, 'Honey'를 수놓아 꿀통을 꾸민다(①). ②, ③의 파란색 펠트에는 전도성 실을 꿰매고 실을 여유 있게 길게 남겨 놓는다. ④와 ⑤는 ①, ②, ③, ⑥의 펠트보다 두께감이 있는 것(2~3mm)으로 자르는 것이 좋다. ④와 ⑤는 누르지 않는 동안 ②와 ③이 서로 닿지 않도록 해 주는 역할을 하기 때문이다.

5

아래쪽부터 ⑥-③-⑤-④-②-①의 순서로 놓고 붙여 꿀통 형태의 누름 스위치를 만들어 준다. 이때 전도성 실은 양쪽 모두 길게 빼 준다. 이후에 바느질 과정이 필요하므로 충분한 길이로 여유 있게 남겨 둔다(사진은 꿀통을 완성한 모습. ②와 ③에서 바느질을 한 후 길게 빼놓은 실이 나와 있다).

6

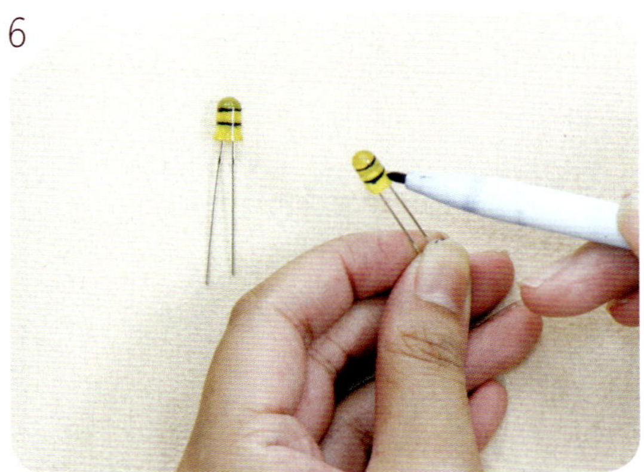

꿀벌의 몸통에 해당하는 노란색 LED에 검은색 유성 사인펜으로 줄무늬를 그린다.

7

곰의 앞면 몸통에 LED를 꽂아 LED의 다리 부분이 뒷면으로 빠져 나오도록 한다.

8

다리가 긴 쪽이 +극
이다. 색깔로 표시해
주는 것이 좋다.

롱노우즈 플라이어를 사용해 LED 다리를 구부려 고리를
만든다. 그 전에 +극에는 유성펜을 사용해 색을 칠해 주는
편이 혼동이 없어 좋다. 네 개 모두 구부려 준다.

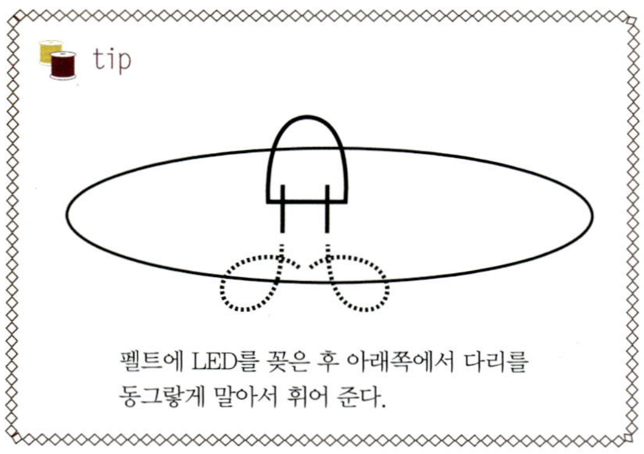

펠트에 LED를 꽂은 후 아래쪽에서 다리를
동그랗게 말아서 휘어 준다.

9

꿀벌의 몸통에 해당하는 LED가 장착되어 있는 곰돌이
의 앞면

10

전지케이스를 만들어 몸통의 중간에 꿰맨다(전지케이스
만드는 법은 '기본 편' 참고). 이때 작업하기 편하도록 전
지케이스의 +극과 같은 면에 전지케이스의 −극의 접점
을 작게 수놓아 둔다.

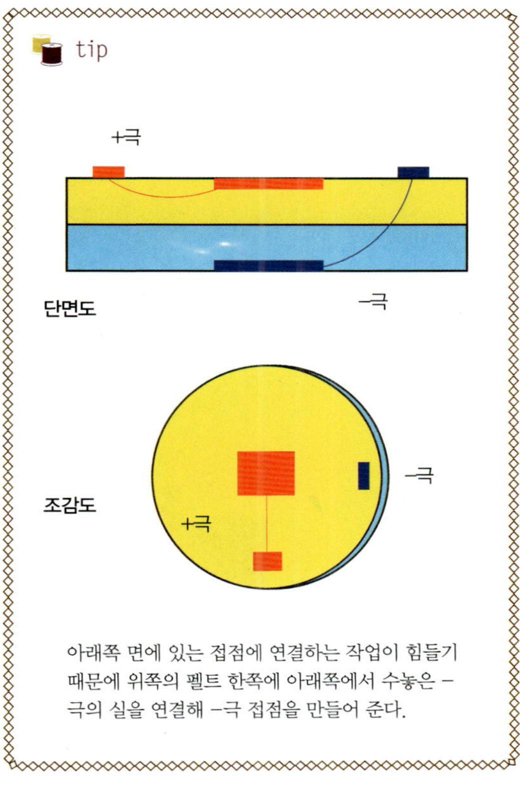

아래쪽 면에 있는 접점에 연결하는 작업이 힘들기
때문에 위쪽의 펠트 한쪽에 아래쪽에서 수놓은 −
극의 실을 연결해 −극 접점을 만들어 준다.

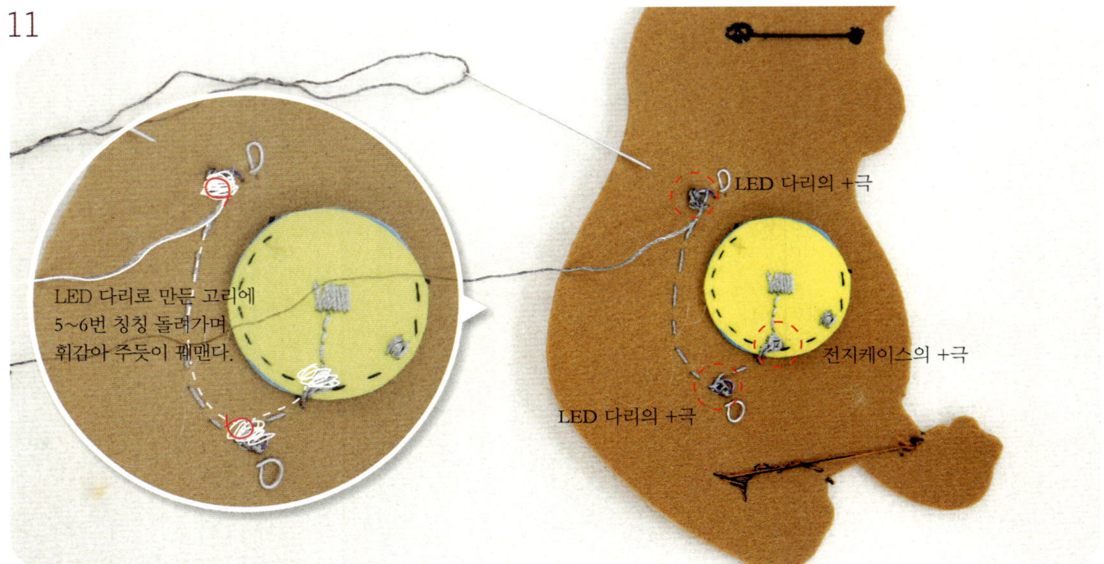

전지케이스의 +극과 LED 다리의 +극을 전도성 실로 바느질하여 이어 준다. 곰의 몸통을 바느질할 때 앞부분으로 실이
나오지 않도록 살짝 집듯 땀을 뜬다.

곰을 앞면으로 돌려 미리 만들어 둔 꿀통을 붙인다. 이때 앞서 꿀통을 만들 때 여유 있게 남겨 놓은 전도성 실에 바늘을
꽂아 뒷면으로 빼내어 전지케이스 +극과 이어 준다. 그러면 꿀통, 전지케이스의 +극, LED 다리의 +극이 모두 하나로 이
어지게 된다.

13

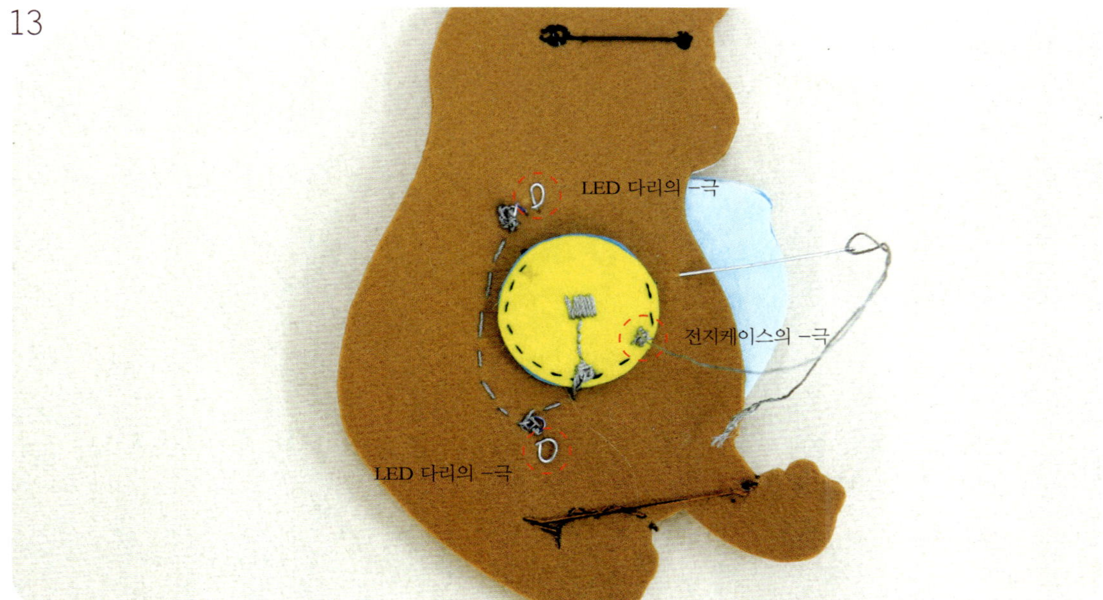

꿀통에서 뽑아 놓은 나머지 한쪽 실을 바늘에 꽂아 뒷면으로 빼내어 전지케이스의 ─극, LED 다리의 ─극을 전도성 실로 모두 이어 준다.

14

마지막으로 전지케이스에 전지를 넣는다.

15

LED 주변에 벌의 날개 등을 수놓아 예쁘게 꾸며 준다.

16

꼬리와 뒷면을 함께 꿰매어 뒷면의 기기들을 감춰 준다.

17

완성. 곰이 안고 있는 꿀통에 숨겨져 있는 스위치를 누르면 벌에 불이 들어온다.

전기회로도

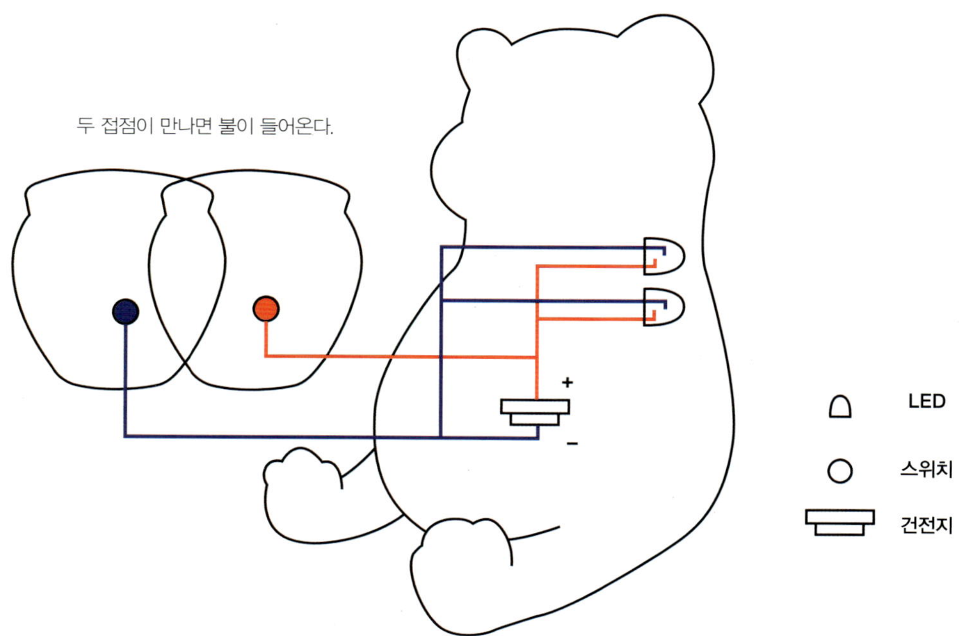

민들레 홀씨

민들레꽃을 누르면 홀씨에서 불이 들어오는 민들레꽃 소품. 아이의 티셔츠나 가방에 특별한 장식으로 달아 주는 것은 어떨까? 엄마 꽃과 대화를 나누는 아기 홀씨의 스토리를 들려준다면 아이의 감성도 풍부해질 듯.

제작원리 │ 민들레의 꽃 부분을 누르면 스위치가 눌려 홀씨에서 빛이 난다.

READY

준비물

털실(흰색)
2mm 펠트
하드 펠트
소프트 펠트(녹색)
LED 전구 2개(노란색)
3v 전지
실
전도성 실

재단하기

1

녹색 펠트에 민들레 잎 두 장을 그린다.

2

잎의 모양을 따라 자른다.

3

바탕이 될 2mm 펠트와 전지케이스를 만들 하드 펠트도 도안대로 재단한다.

4

털실을 손가락 3개에 걸고 어느 정도 두툼해질 때까지
감는다.

5

감은 털실의 가운데를 묶어 준다.

6

양옆을 자른다.

동그란 모양이 되도록 가위로 끝을 다듬어 준다.

자른 잎 한 장에 LED 두 개를 통과시켜서 박는다.

9

뒷면에 나와 있는 LED 다리를 구부려 고리로 만든다.

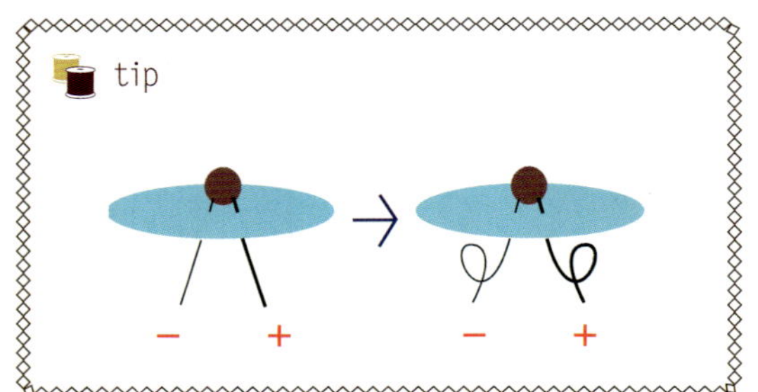

10

꽃을 만들 때처럼 실을 3cm 정도 길이로 3번 감은 후
끝 부분을 실로 묶는다.

11

반대편 끝을 가위로 자르고 다듬어 준다.

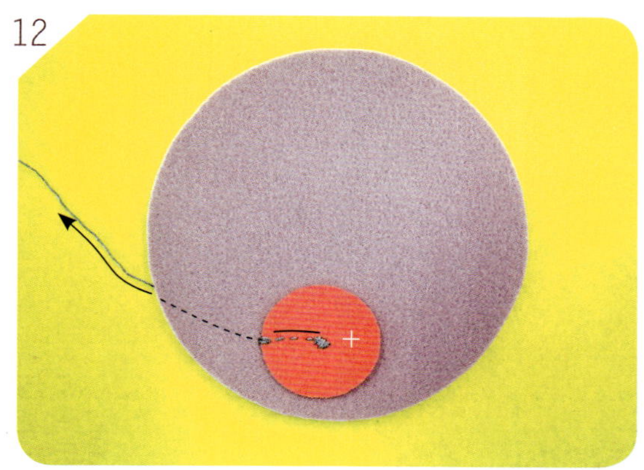

전지케이스의 + 부분을 만들어서 원형으로 재단한 펠트
뒷면에서 앞면으로 전도성 실을 통과시킨다.

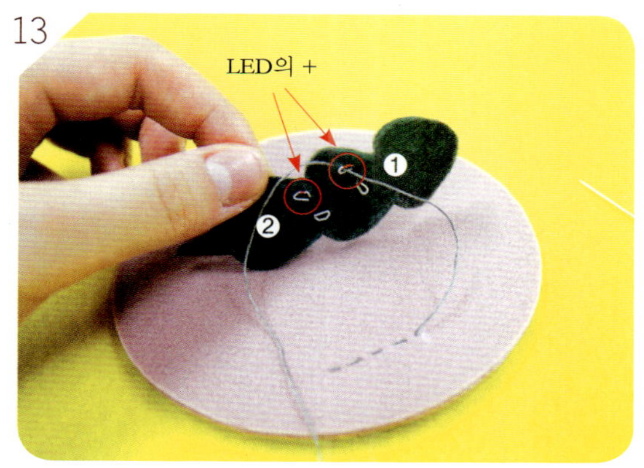

통과시킨 실을 시침질로 겉면만 살짝 바느질해서 LED
의 + 부분들(①, ②)을 이어서 연결하고 매듭짓는다.

①을 연결한 후 같은 실로 ②도 연결한다.

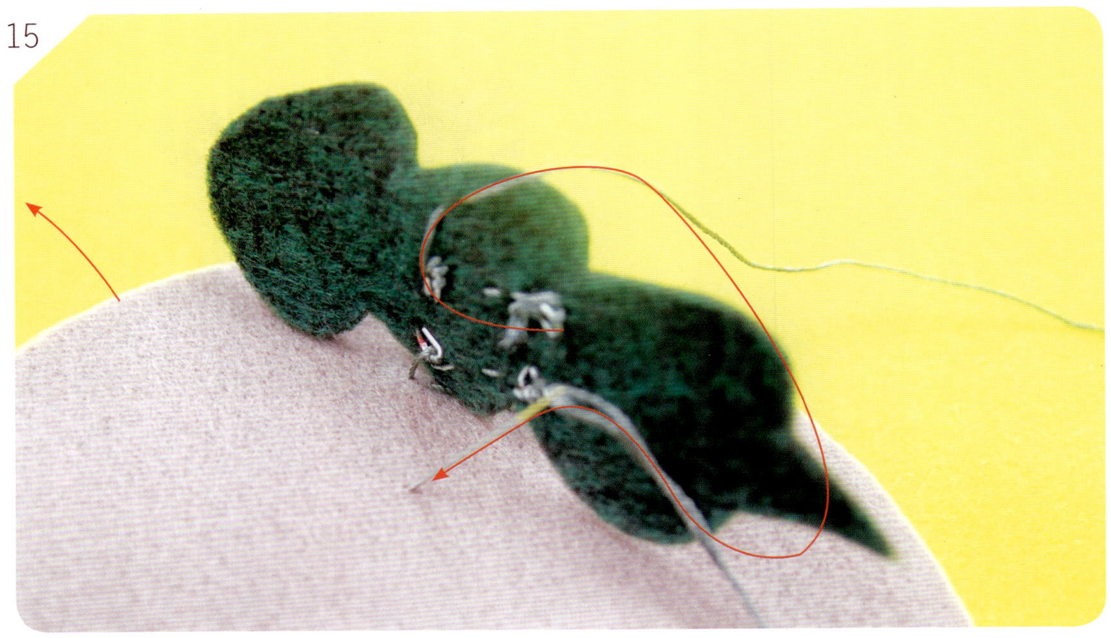

새로운 전도성 실로 LED의 – 부분끼리 연결하고 실을 뒤로 통과시킨다.

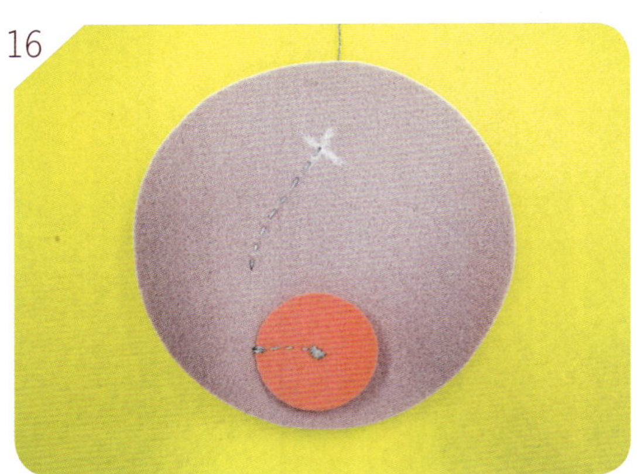

뒷면으로 나온 전도성 실을 땀을 떠서 X 표시 부분(스위치가 만들어질 부분)까지 시침질한 후 X 표시 부분을 여러 번 바느질한다. 이때 앞면에서 시침질이 보이지 않도록 가볍게 땀을 뜬다.

꽃의 중앙 아랫부분을 전도성 실로 여러 번 바느질한다.

18

하드 펠트를 꽃보다 작은 사이즈의 도넛 모양으로 두 개
자른다.

19

자른 도넛 모양의 펠트 두 개를 겹쳐서 바탕이 되는 원
모양의 펠트에 바느질하여 고정시킨다.

20

도넛 모양 속의 전도성 실과 꽃의 중심에 있는 전도성
실이 서로 만날 수 있게 꽃의 위치를 조정하여 바느질한
다.

21

뒷면의 전지케이스가 있는 부분까지 체인 스티치를 한
다.

체인 스티치를 마치고 뒷면으로 실을 통과시켜서 여러
번 바느질한다.

건전지를 넣을 때 그림과 같이 +과 −의 방향을 잘 맞추
어 넣는다.

건전지가 들어갈 공간을 제외하고 감침질로 전지케이스
를 고정한다.

실을 두 겹으로 해서 중간 부분에 일정한 간격으로 시침
질하여 잎맥을 만든다.

26

만들어 둔 민들레 씨를 LED에 씌워 고정시키면 완성.

전기회로도

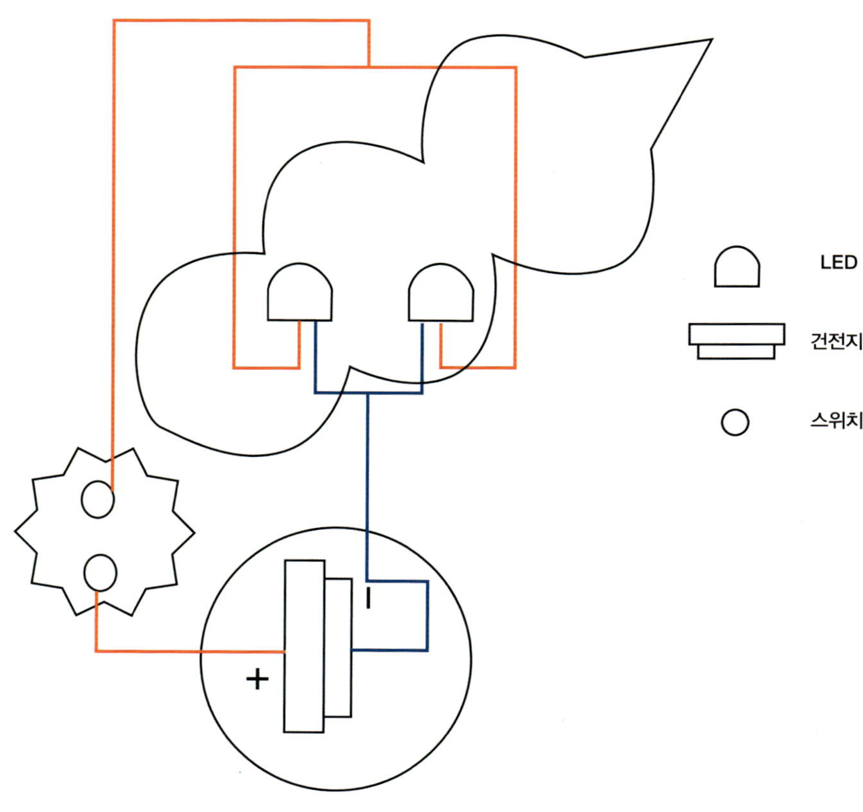

루돌프 이어폰 줄감개

생활 속의 필수 아이템 스마트폰 액세서리. 똑같은 액세서리는 더 이상 사용하고 싶지 않은 당신을 위한 이어폰 줄 정리기 제안! 똑딱이 단추를 채우면 코에 불이 들어오는 루돌프 사슴 이어폰 줄 정리기. 아이들이 좋아하는 다양한 캐릭터로도 응용해 만들어 보자.

제작원리 │ 이어폰 줄을 감아준 뒤 똑딱이 단추를 채우면 접점이 서로 만나면서 사슴 코에 불이 들어오는 원리

준비물

전도성 실
갈색 양모 펠트
판 펠트(3mm 두께의 흰색 펠트, 2mm 두께의 갈색, 흰색, 하늘색 소프트 펠트)
LED(빨간색)
똑딱이 잠금단추(쇠로 된 것)
3v 전지
색실(갈색, 검은색, 흰색)

1

도면을 따라 뿔 4조각, 얼굴 부분 3조각을 만들어 재단한다. 이때 사슴 귀가 달려 있는 도안은 3mm 두께의 펠트로 재단한다.

사슴 코에 불이 들어오도록 LED와 전지케이스 연결하기

2

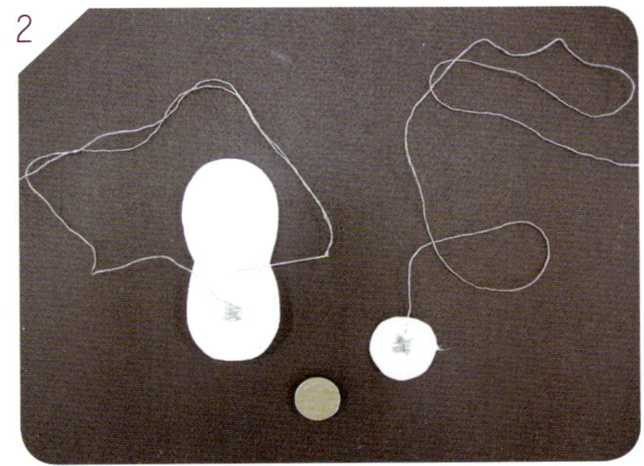

3

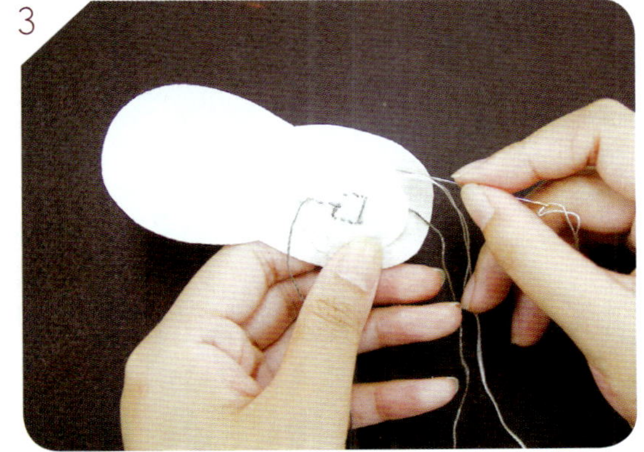

전지케이스를 만들기 위해 전지보다 사방 2~3mm 정도 큰 사이즈로 펠트를 동그랗게 재단한다. ②의 흰색 펠트와 전지케이스를 만들 동그란 펠트에 각각 전도성 실로 수를 놓듯 바느질한다. 사진과 같이 넉넉한 길이로 실을 빼놓아 남겨 둔다.

전지케이스의 한 면을 흰색 펠트 위에 놓고 두 펠트를 꿰매어 이어 준다.

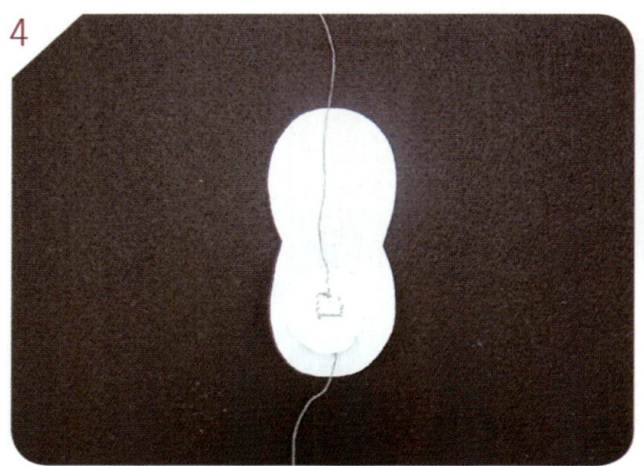

이때 전도성 실이 각각 위와 아래를 향하게 한다.

준비한 똑딱이가 전기가 통하는 제품인지 확인한다(전지 위에 똑딱이를 올리고 LED를 이용해 불이 들어오는지 확인).

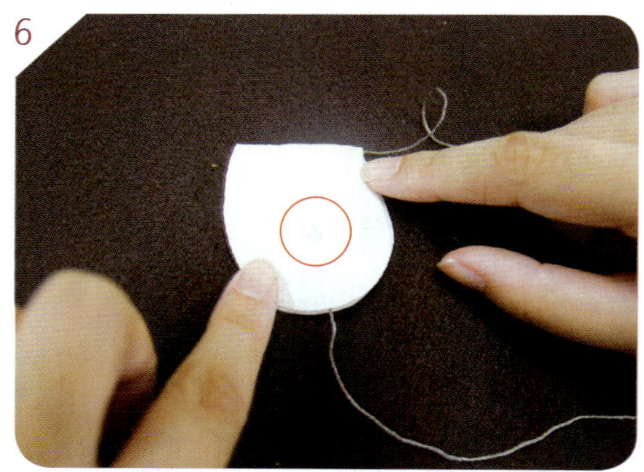

4번에서 만들어 놓은 펠트를 전지케이스가 안으로 향하게 반으로 접은 후 가운데에 LED를 꽂아 준다.

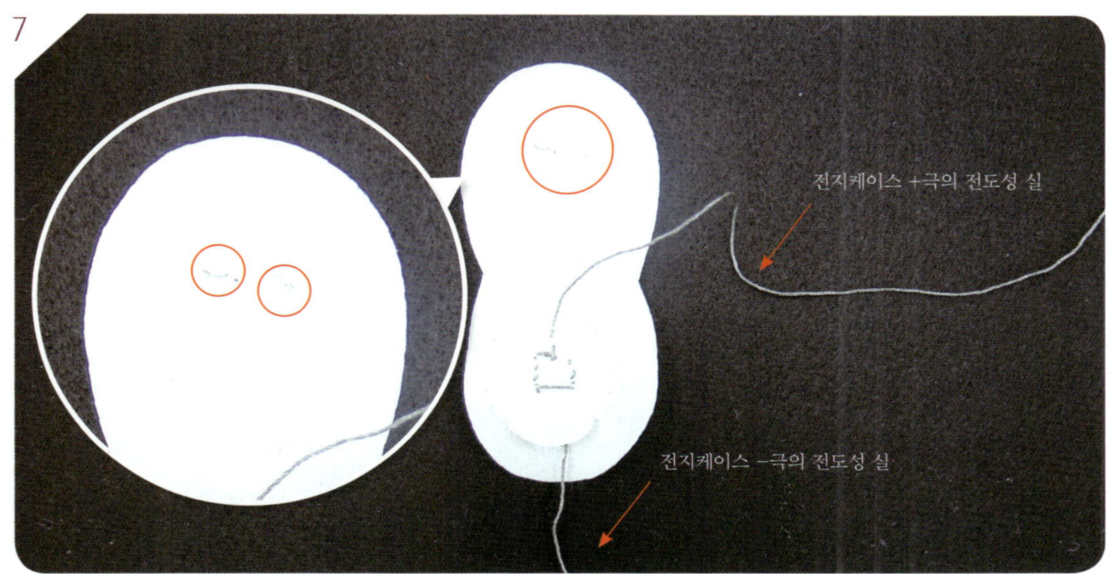

반으로 접은 펠트를 다시 펼친 후 LED의 다리를 구부려 고리를 만든다.

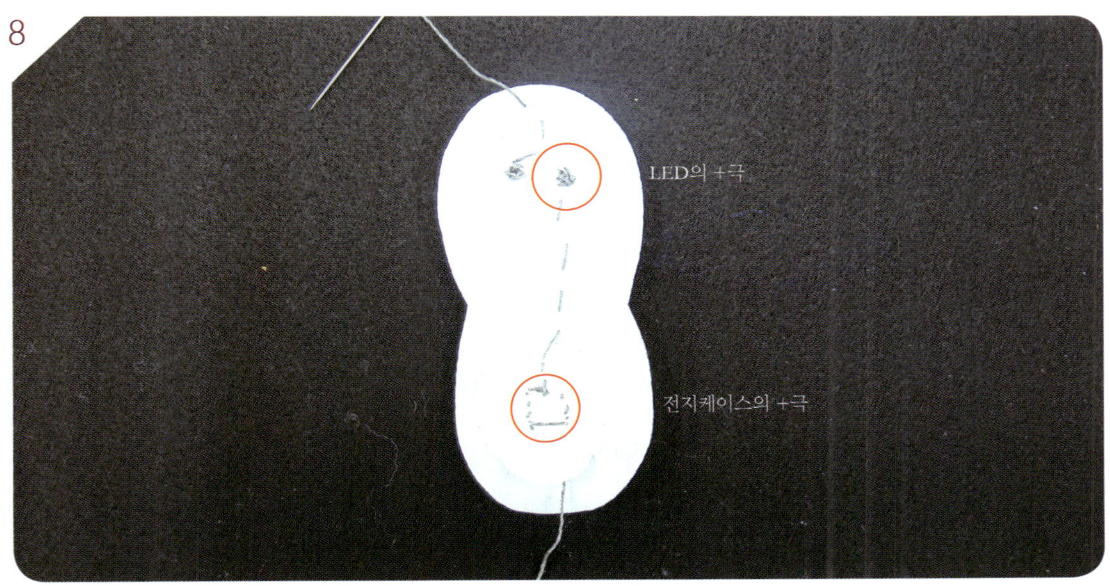

전지케이스의 +극에서 빼놓았던 전도성 실을 바늘에 끼워 LED 다리의 +극과 이어 준다. LED의 −극은 전도성 실을 이용해 꿰맨 후 길게 실을 빼놓는다.

8번과 같이 작업한 흰색 펠트의 전지케이스에 전지를 넣은 다음 그 위에 하늘색 소프트 펠트를 얹고 LED −극에서 빼놓았던 전도성 실로 똑딱이 단추를 꿰매 준다.

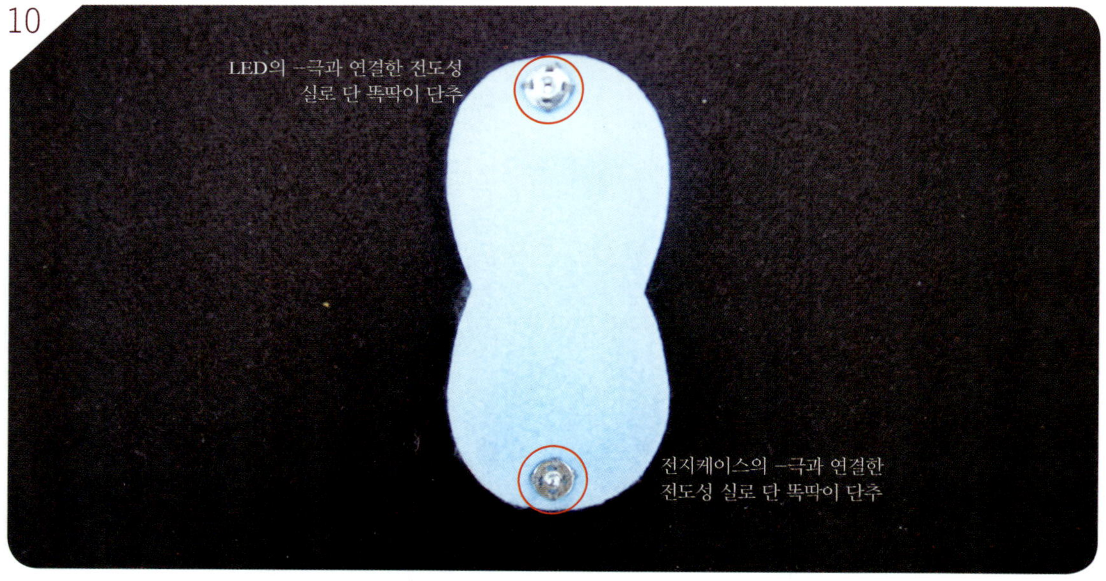

전지케이스의 −극에서 빼놓은 전도성 실(8번 사진 참고)을 이용해 아래쪽에도 똑딱이 단추를 달아 준다. 펠트를 반 접었을 때 똑딱이 단추가 서로 닿도록 위치를 잘 잡는다.

11

재단된 3mm의 하얀색 펠트(따라하기 1번 사진의 ①)에 색실을 이용해 사슴의 얼굴을 꾸며 준다. 이때 코 부분은 십자로 칼집을 내어 LED가 들어갈 구멍을 만든다.

12

재단해 놓은 사슴 뿔 4조각을 두 조각씩 맞붙여 바느질한다. 이때 두 조각을 붙여 하나의 뿔을 만드는 이유는 사슴 뿔이 흐느적거리지 않도록 힘을 주기 위해서이다.

13

사슴의 머리에 만들어 놓은 뿔을 달아 준다.

14

갈색 양모 펠트로 동그란 코를 만든다. 이때 코에 LED를 넣을 수 있게끔 너무 빡빡하지 않도록 다소 성글게 만들어 준 후 고정시킨다(양모 펠트를 이용해 동그란 볼 모양을 만드는 방법과 고정하는 방법은 '기본 편' 참고).

15

만들어 둔 것을 잘 포갠다. 이때 LED가 달려 있는 흰색 면이 사슴 얼굴 조각의 아랫면에 맞닿아 LED가 양모 펠트로 만든 코 부분에 들어가도록 잘 맞추어 포갠다. 외곽선을 버튼홀 스티치로 꿰맨다.

16

외곽선을 다 꿰맨 후 완성.

17

똑딱 단추를 닫으면 사슴의 코에 불이 들어온다.

18

이어폰 줄을 정리해 감은 후 똑딱 단추를 닫으면 코에 불이 들어온다.

같은 방법으로 여러 모양의 이어폰 줄감개를 만들 수 있
다.

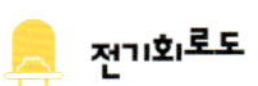 **전기회로도**

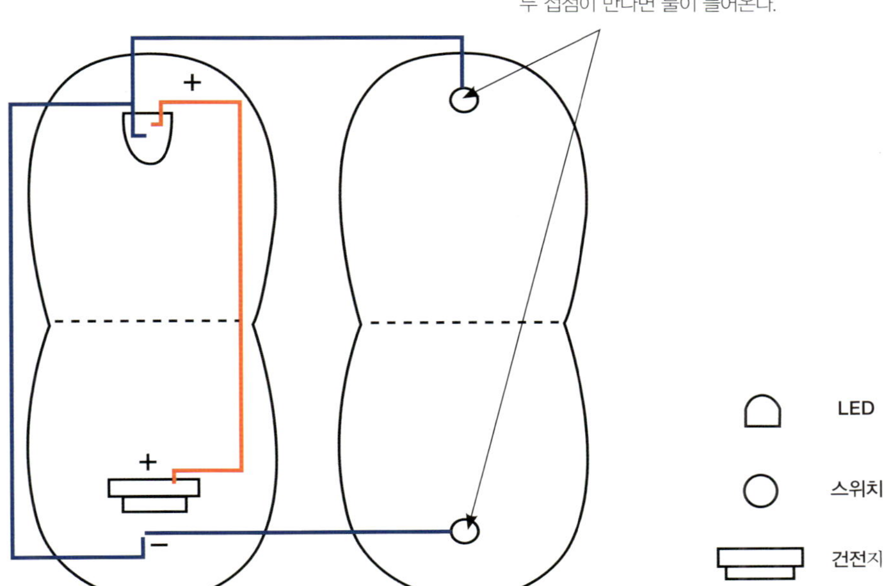

04

손장갑 인형놀이

재잘재잘 이야기하며 입을 벌렸다 다물었다 할 때마다 반짝반짝 불이 들어오는 손장갑 인형. 엄마가 만들어 낸 재미있는 이야기와 함께 인형놀이를 하며 아이의 호기심과 상상력도 키워 주자.

제작원리 | 토끼 장갑을 낀 후 토끼의 입을 맞닿게 하면 접점끼리 맞닿아 볼 부분에 불이 들어오고, 입을 벌리는 동작을 하여 손과 손을 떼어주면 불이 꺼진다.

READY

준비물

전도성 실
색실
자투리 천 혹은 인형 천(흰색, 노란색/이때 천은 타올지로 하면 보송보송한 느낌이 살고 감촉도 좋다.)
하늘색 소프트 펠트
노란색 펠트
LED 2개(빨간색)
전지(LED에는 전지 아래쪽으로 긴 다리가 두 개 달려 있는데 긴 쪽이 양극이고 짧은 쪽이 음극이다.
혼동되지 않도록 매직을 사용해 +극에 표시를 해 두면 나중에 작업할 때 편하다.)

🧵 **토끼 몸통 만들기**

1

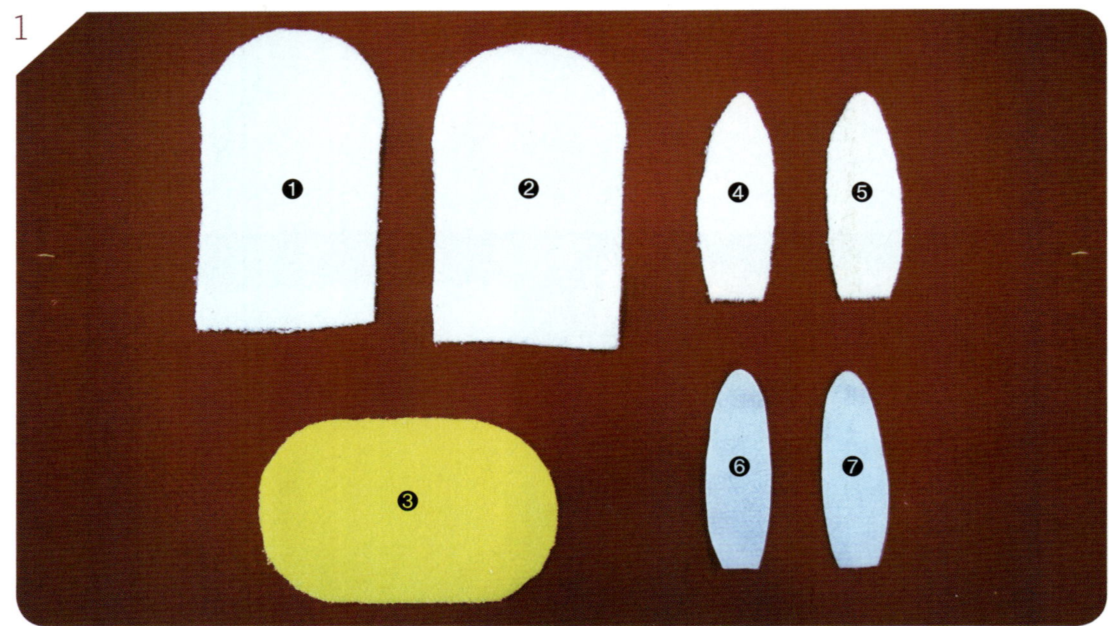

도면대로 펠트를 오린다(❶, ❷ : 토끼 얼굴/❸ : 토끼 입 안쪽/❹, ❺ : 토끼 귀/❻, ❼ : 토끼 귀 안쪽).

2

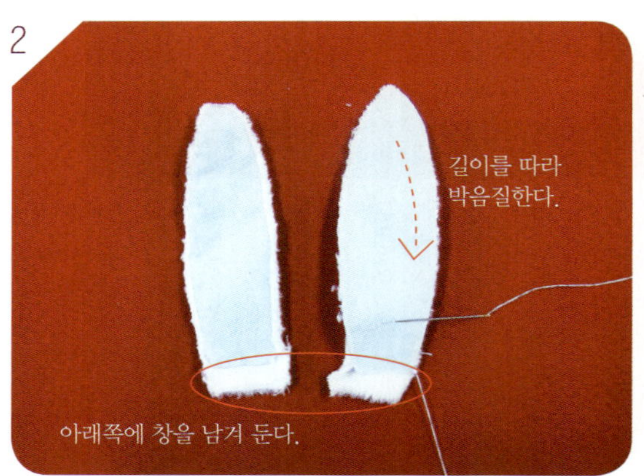

3

토끼 귀 모양으로 잘라둔 흰 천(❹, ❺)과 하늘색 펠트 (❻, ❼)를 맞대어 길이 방향으로 박음질을 한다. 아래쪽 부분은 나중에 뒤집어야 하므로 창을 남겨 두고 박음질 한다. 박음질이 끝나면 뒤집는다.

위에서 작업한 것을 뒤집은 다음 아래쪽에 박음질을 하지 않고 남겨 두었던 귀의 아래쪽 부분에 홈질을 해서 잡아당겨가며 토끼 귀 모양을 잡아 준다. 같은 방법으로 토끼 귀를 두 개 완성해 놓는다.

❶의 펠트 위에 색실을 이용해 토끼의 얼굴을 꾸며 준
다.

토끼 얼굴을 수놓은 흰 천을 맨 아래에 놓는다. 나중에
뒤집을 것이기 때문에 사진과 같이 토끼의 얼굴이 보이
도록 놓는다. 그 위에 얼굴을 수놓지 않은 흰 천(❷)을 겹
쳐 놓은 뒤 반을 접고 1/3 정도는 바깥쪽을 향하게 뒤집
어 접는다. 그리고 그 위에 노란색 천을 올린다.

노란 천을 바깥쪽으로 반 접은 다음 토끼 귀를 올린다. 이때 뒤집혔을 때의 모양을 상상하며 적절한 위치에 토끼 귀를 놓아 준다.

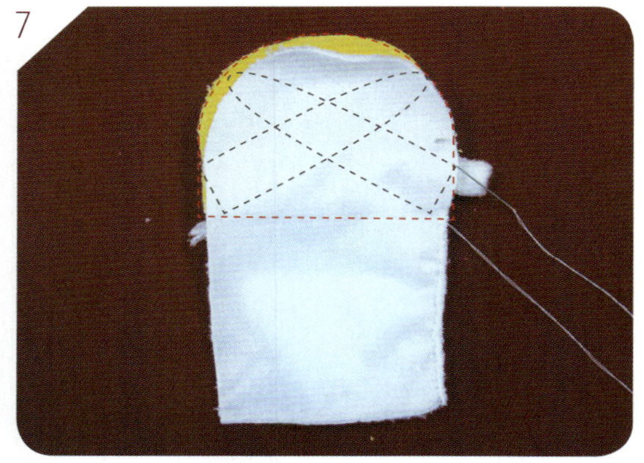

다시 천을 잘 덮는다. 이때 천이 놓인 순서는 얼굴을 수놓은 흰 천(❶)–토끼 귀–반으로 접혀서 맞닿은 노란색 천(❸)–아무것도 수놓지 않은 흰 천(❷)이 된다.

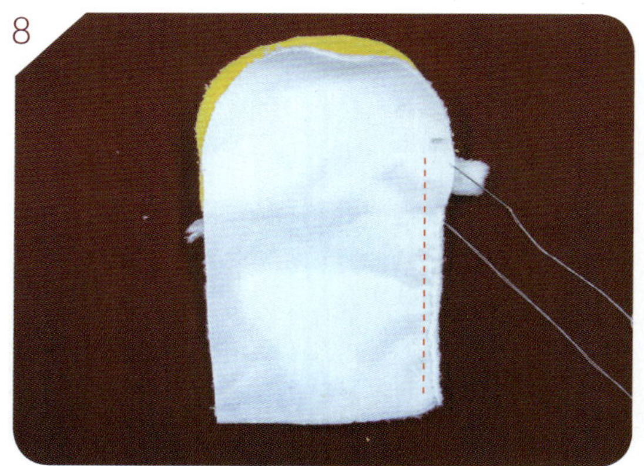

흰 천끼리 맞닿은 옆부분을 박음질해서 꿰맨다. 이때 토끼 귀 부분도 함께 꿰매어 고정시킨다. 노란색 천이 맞닿은 부분은 따로 박아야 하므로 남겨 놓는다.

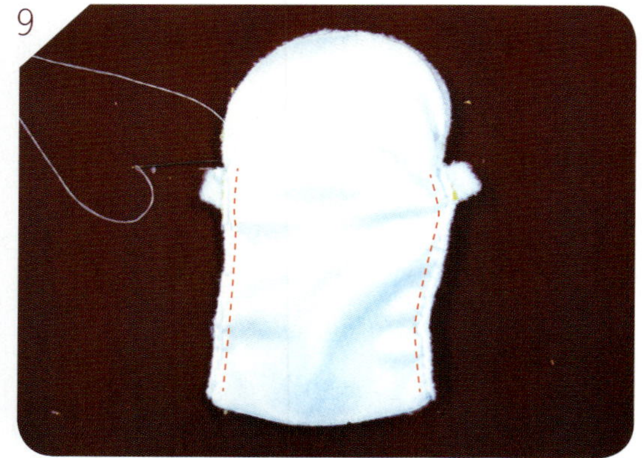

반대쪽 옆면도 같은 방법으로 꿰맨다.

노란색 천을 펼친 상태에서 흰색 천과 맞닿은 부분의 테
두리를 박음질해서 꿰맨다.

전도성 실을 사용해 불이 들어올 수 있도록 장치하기 (※ 토끼 눈과 입이 수놓아져 있는 중간 지점에 빛이 들어오게 하기 위한 작업이다.)

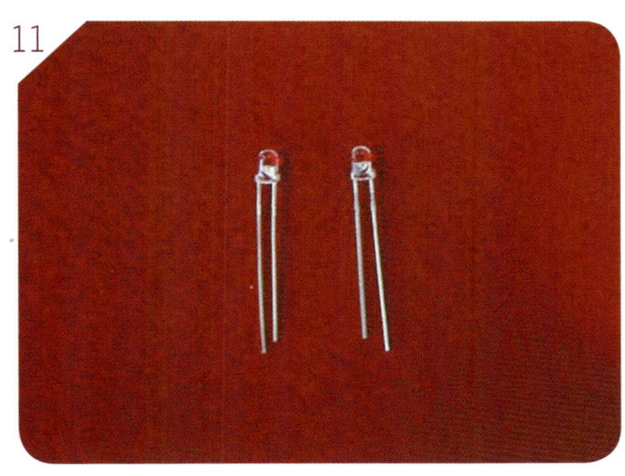

준비해 놓은 LED의 다리를 동그랗게 말아 올린다. 다리
의 +극과 −극은 혼동되지 않도록 반드시 알아볼 수 있
게 표시해 놓는다. 두 개 모두 동일한 작업을 해 놓는다.

tip

사진과 같이 말아 올린다.

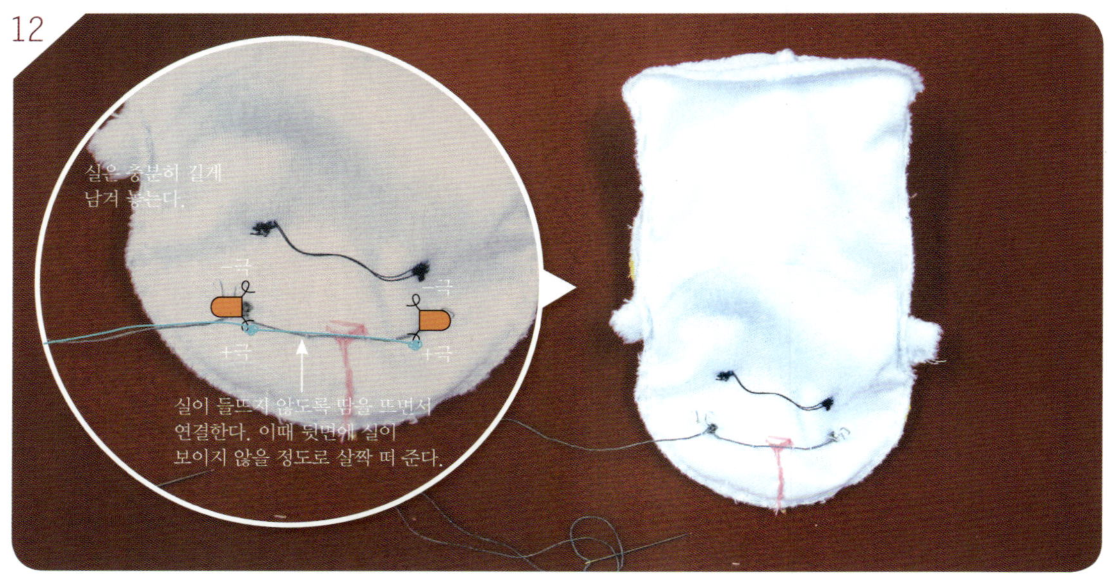

꿰맨 천을 뒤집어서 토끼의 얼굴을 수놓은 면이 위로 향하게 한다. 사진과 같이 토끼 양 볼의 위치에 앞서 만들어 놓은 LED를 놓은 다음 전도성 실을 사용해 +극끼리 연결해 고정시켜 준다.

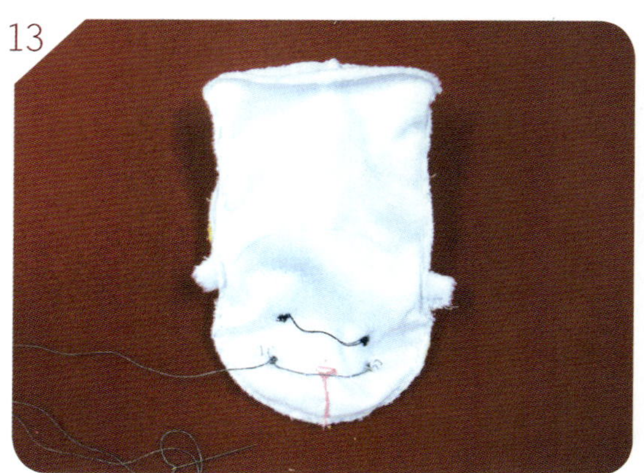

LED 전지가 +극끼리 연결된 모습. 연결된 뒤에도 바늘을 빼지 않는다.

앞에서 +극을 연결한 전도성 실을 노란색 천이 있는 뒷부분으로 돌려서 가져온 다음 사진과 같이 접점을 수놓아 마무리한다.

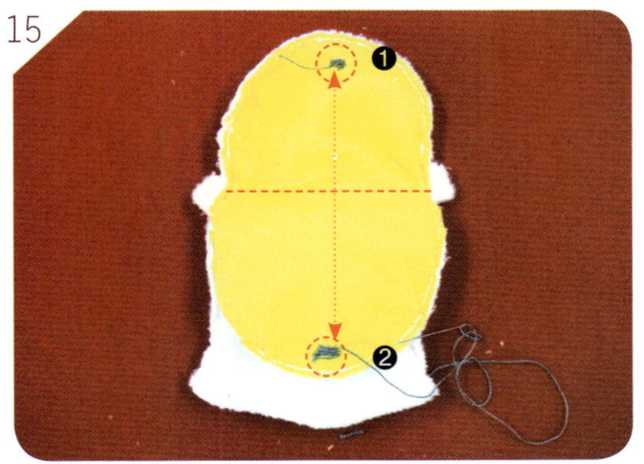

반을 접었을 때 전도성 실을 수놓아 둔 부분과 맞닿을
수 있도록 아래쪽에도 마찬가지로 전도성 실을 수놓는
다(접었을 때 ❶과 ❷가 맞닿도록 수놓는다). 이때도 실
의 끝 부분을 길게 남겨 놓는다.

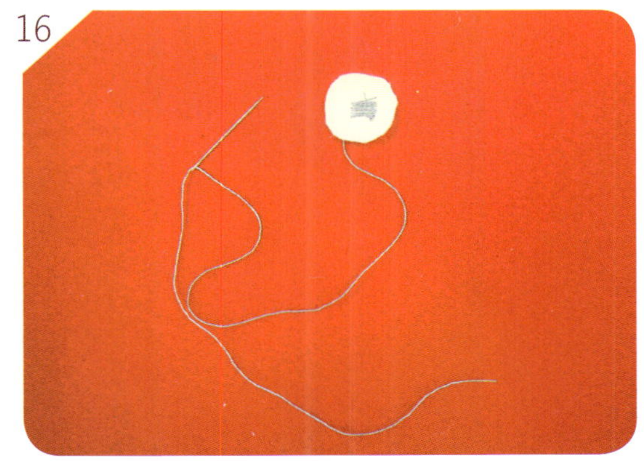

노란색 펠트로 전지케이스의 한 면만 만들어 준다(전지
케이스 만드는 법은 '기본 편' 참고).

15번에서 수놓은 접점(❷)에 16번에서 만든 전지케이스
를 올린 다음 전지를 넣을 수 있을 정도의 창을 남기고
꿰매어 고정시킨다. 이때 고정시키는 작업은 전도성 실
이 아닌 일반 색실을 사용한다.

18

15번에서 ❷번 부분에 길게 남겨 두었던 실에 바늘을 끼워 뒷면에 LED를 고정시켜 놓은 부분으로 가져와 +극을 연결한 것과 같은 방법으로 LED의 −극과 연결시킨다. 이때 실이 따로 노는 것을 방지하기 위해 땀을 떠 주면서 위쪽으로 가져오는 것이 좋다. 다 연결시키면 전지케이스에 전지를 넣어 준다.

19

장갑을 뒤집어 준다. 사진에서 손으로 잡은 부분 정도까지 옆면을 감침질로 마무리하면 손장갑이 지나치게 벌어지는 것을 방지할 수 있다.

20

17번의 작업을 반대편에도 해 준다. 토끼의 입이 자연스럽게 벌어질 만큼 손을 넣어 벌려 보고, 적정한 곳까지 감침질을 하면 된다.

완성된 모습. 노란색 입 안쪽에 전도성 실끼리 맞닿게
하면 볼 부분에 붉은 불이 들어온다.

장갑을 손에 끼우고 입을 벌렸을 때의 모습과 전도성 실
끼리 맞닿도록 입을 다물었을 때 불이 들어오는 모습.

두 접점이 만나면 불이 들어온다.

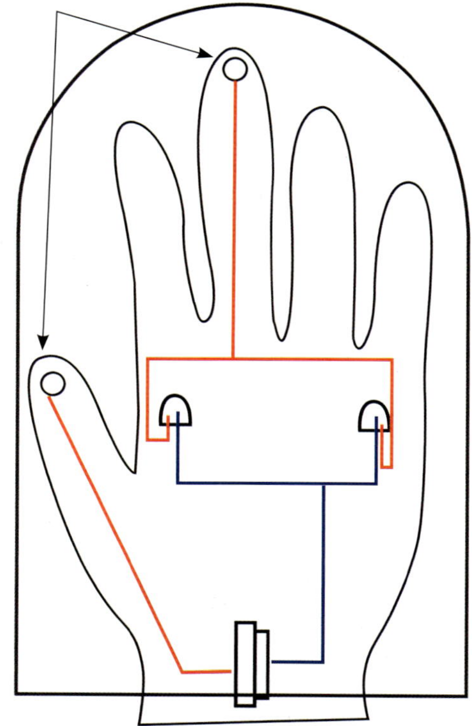

05

재미있는 낚시놀이

아이들의 대근육과 소근육 발달에 도움이 되는 낚시놀이. 낚싯대에 물고기
가 잡히면 불이 들어오는 특별한 장난감을 만들어 낚시놀이에 즐거움을 더
해주자. 다양한 물고기 속에 불이 들어오는 스페셜 물고기를 섞어놓고 누가
많이 낚나 내기를 해보는 것은 어떨까?

제작원리 | 낚싯대로 물고기를 낚으면 잡힌 물고기에 불이 들어온다.

준비물

낚싯대용 펠트(연두색, 진초록색, 주황색)
나무젓가락
솜
양모펠트 조금
네오디움 자석 2개
전지
LED 2개
끈
물고기용 펠트(흰색, 하늘색, 파란색, 분홍색)

색실
전도성 실
글루건

1

펠트를 물고기 도면대로 오린다.

🐛 물고기 몸통에 불이 들어오게 하기 위한 기본 작업

2

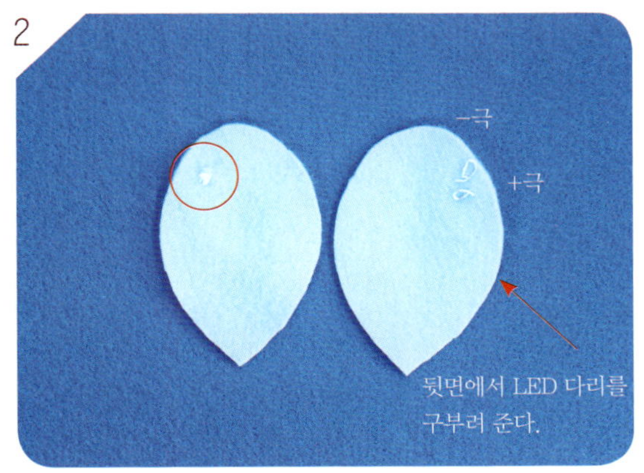

물고기의 몸통에 대칭이 되도록 LED를 끼운 뒤 다리를
구부려 고리를 만든다.

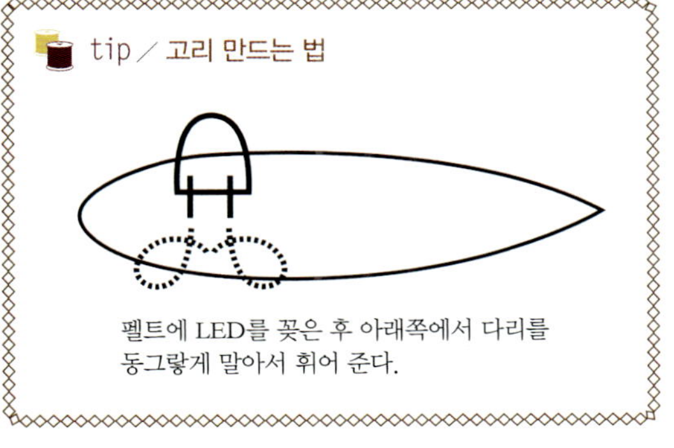

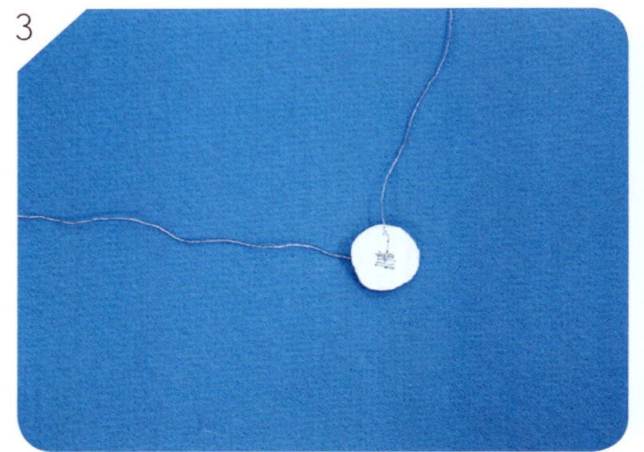

전지케이스를 만든다(전지케이스 만드는 법은 '기본 편' 참고).

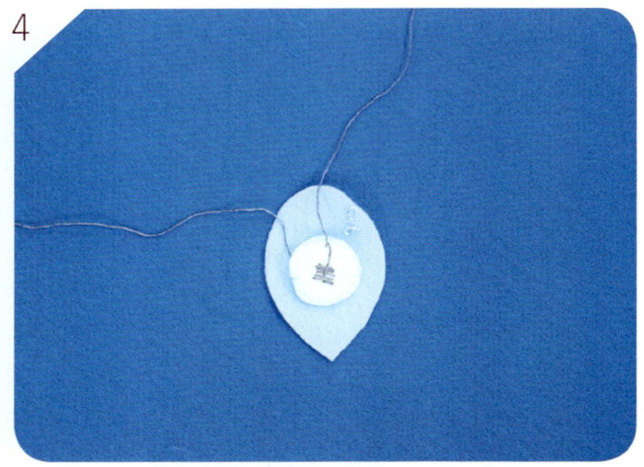

물고기의 한쪽 몸통 위에 전지케이스를 놓는다(LED의 다리가 나와 있는 쪽의 면).

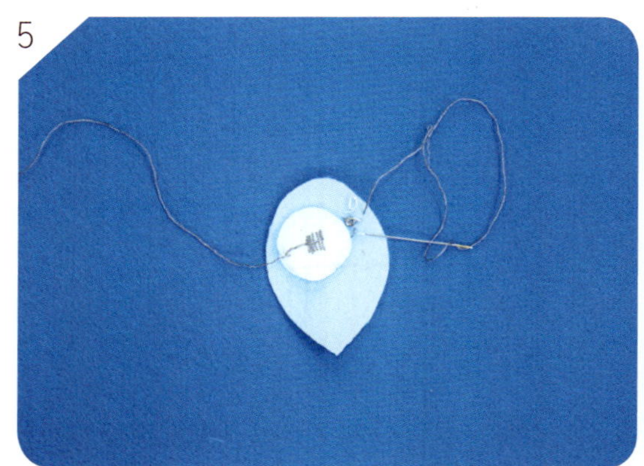

전지케이스의 +극과 LED의 +극을 전도성 실로 연결한다.

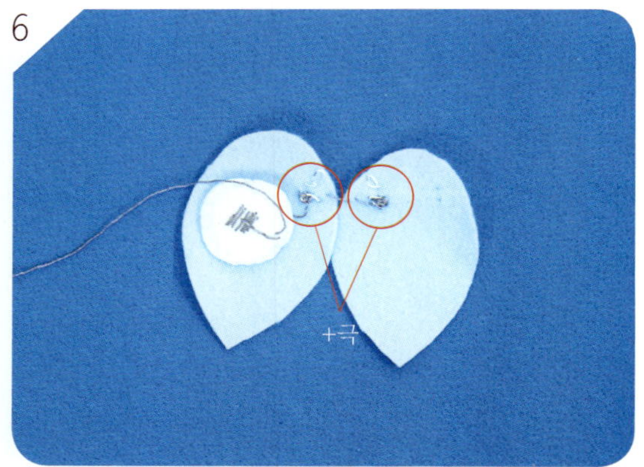

반대편 몸통을 맞닿도록 옆에 놓고 반대편 몸통에 있는 LED의 +극도 함께 연결한다.

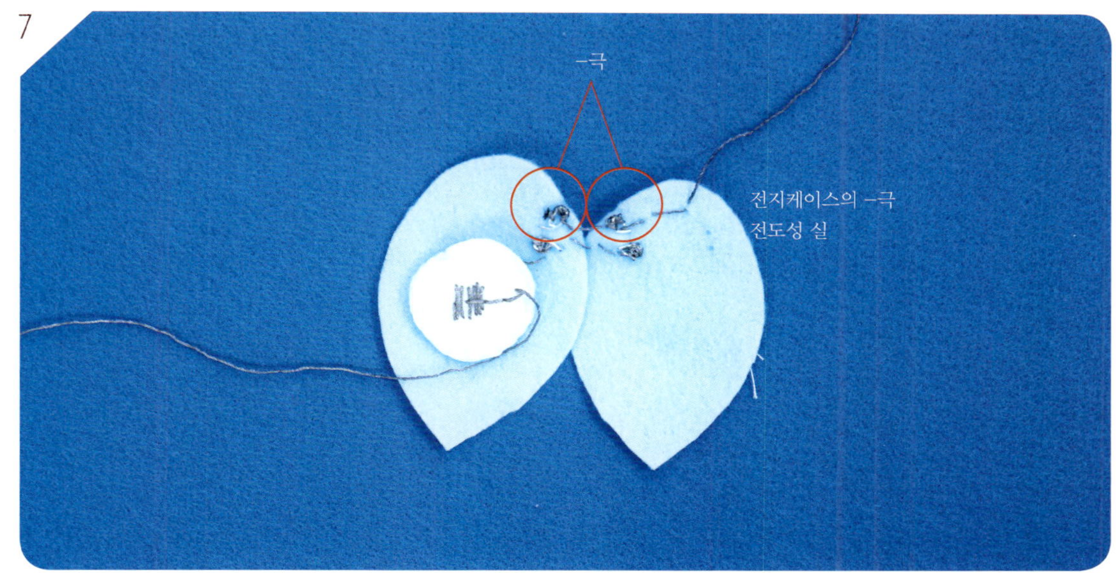

LED의 −극끼리 전도성 실을 이용해 연결해 준다.

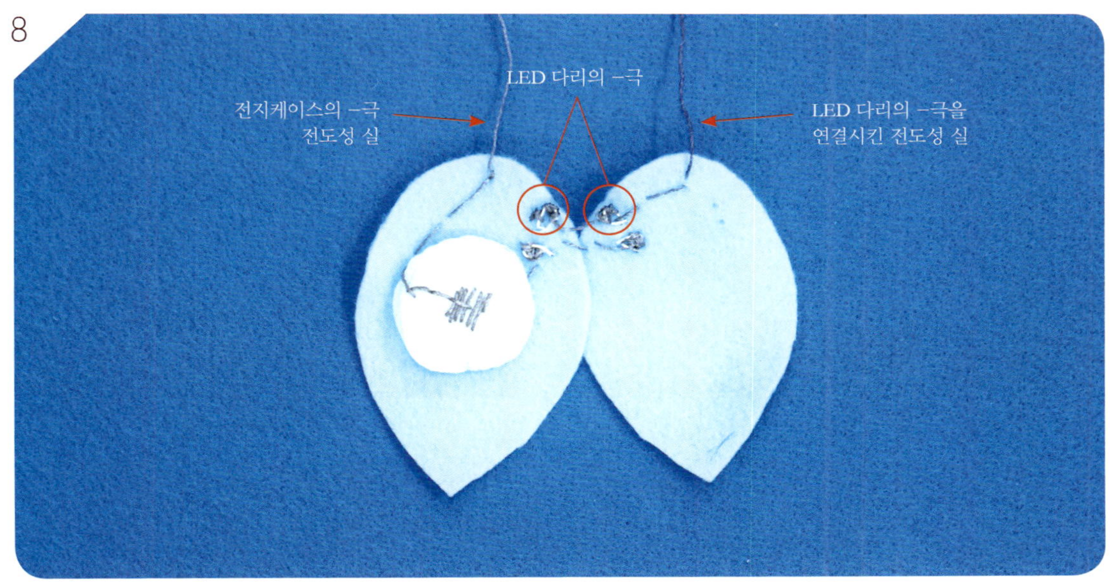

전지케이스의 −극의 전도성 실을 뒤쪽에서 보이지 않을 정도로 살짝 땀을 떠 위쪽(나중에 물고기 입이 될 방향)으로 빼놓는다.

9

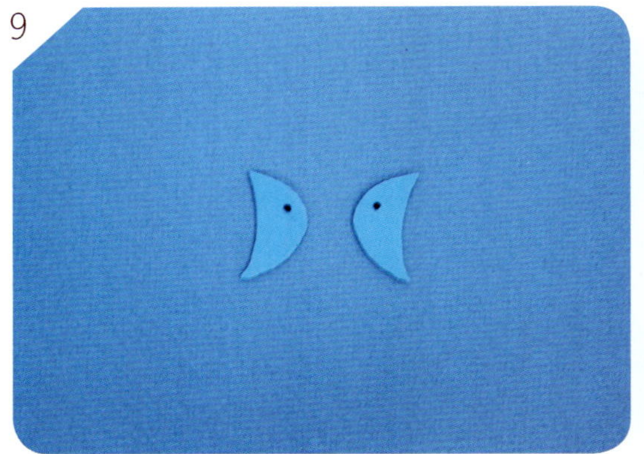

물고기의 얼굴에 검은색 실로 눈을 수놓는다.

10

물고기 몸통에 얼굴을 꿰맨다.

11

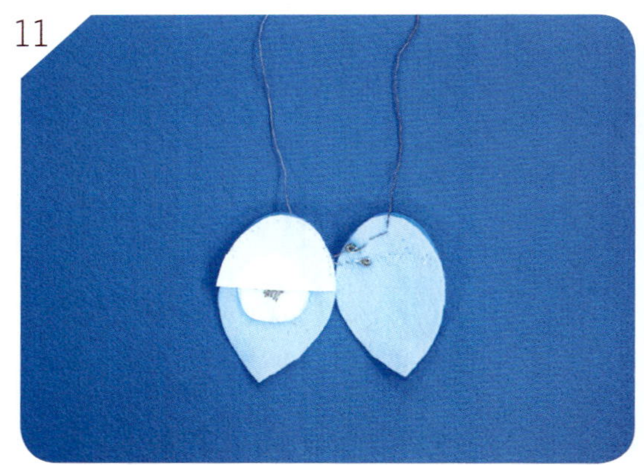

다시 내부 구조가 보이게 뒤집어 합선이 되지 않도록 한 쪽 면을 펠트로 잘 덮는다.

12

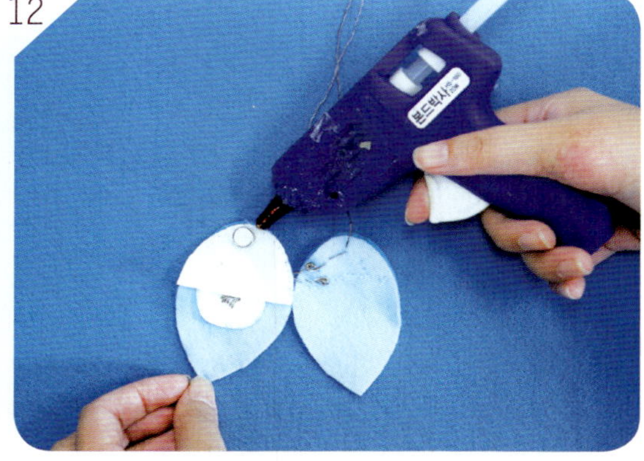

덮은 펠트 위(물고기 얼굴 앞쪽)에 네오디움 자석을 글 루건으로 붙인다.

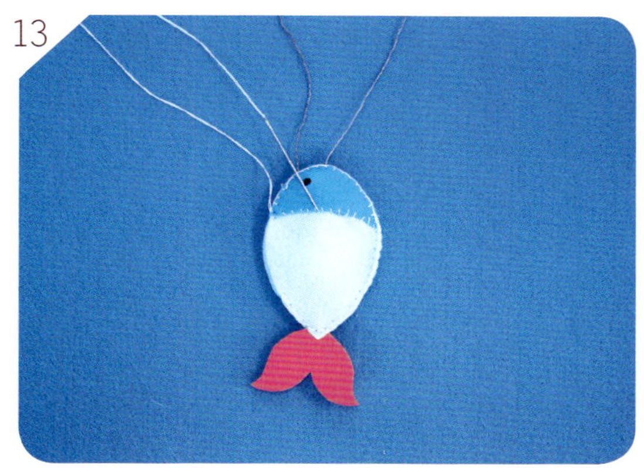

물고기의 두 면을 꼬리와 함께 꿰맨다. 이때 전도성 실
은 밖으로 빼놓는다.

지느러미가 들어갈 부분을 남긴 채 몸통을 꿰맨 후 솜을
적당히 채워 넣는다.

솜 구멍을 지느러미와 함께 꿰맨다.

양쪽 모두 옆 지느러미를 달아 준다.

17

밖으로 뺀 두 개의 전도성 실로 한쪽 면의 접점을 바느질해 바깥쪽으로 매듭을 만들어 준다. 전도성 실이 바깥으로 노출되어야 하므로 눈에 띄지 않게 물고기 눈 주변에서 마무리한다.

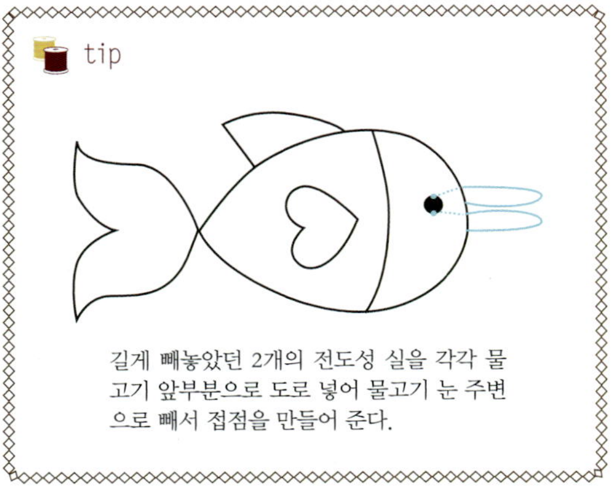

길게 빼놓았던 2개의 전도성 실을 각각 물고기 앞부분으로 도로 넣어 물고기 눈 주변으로 빼서 접점을 만들어 준다.

낚싯대 만들기

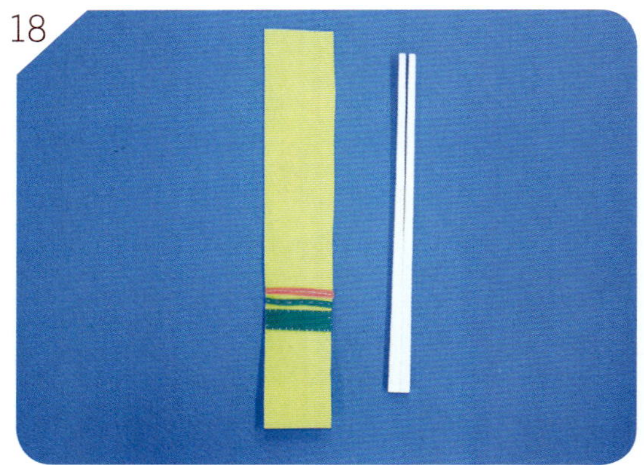

18

낚싯대가 될 펠트를 꾸며 준다.

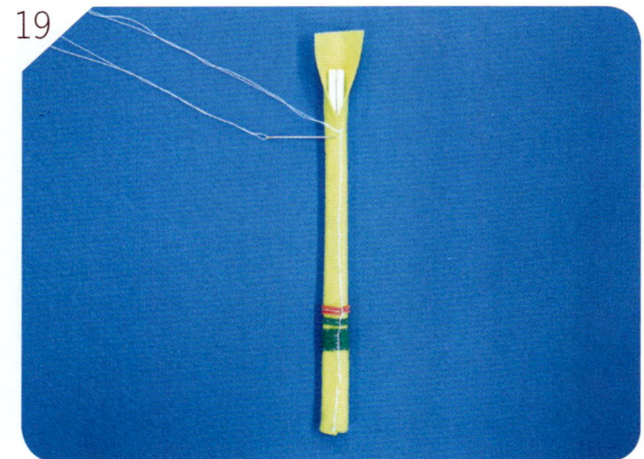

19

나무젓가락에 꾸민 펠트를 감싼다. 본드로 붙여도 되지만 바느질하면 더욱 튼튼하다.

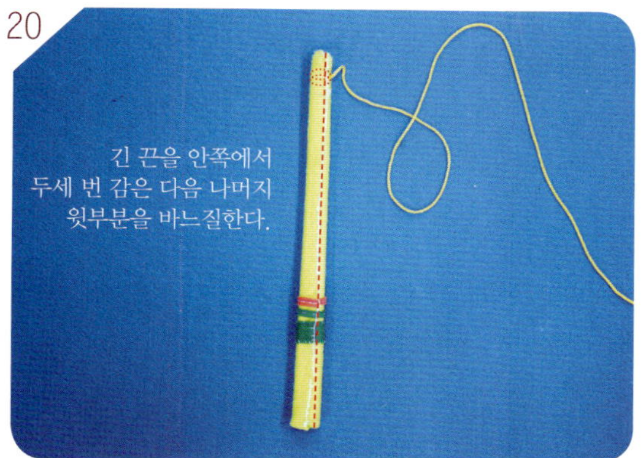

낚싯대의 끝 부분에 긴 끈을 연결해 준다. 낚싯대 위쪽의 바느질을 마무리하기 전, 긴 끈을 나무젓가락에 두세 번 감은 뒤 나머지를 바느질하면 끈이 튼튼하게 고정된다.

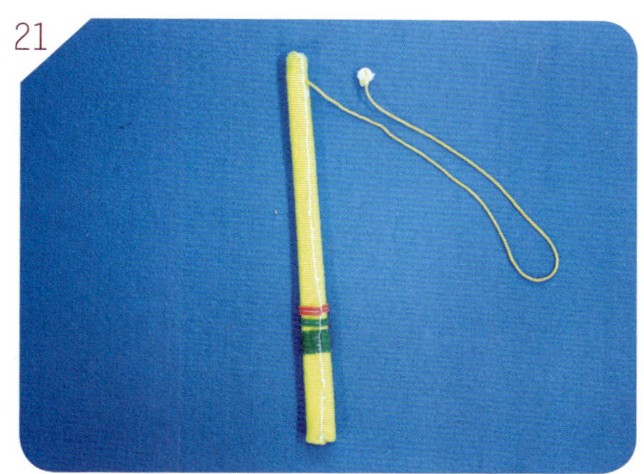

끈의 반대편 끝에 글루건을 이용하여 네오디움 자석을 붙인다(이때, 아까 물고기 얼굴 부분에 전도성 실로 접점을 수놓은 방향에 자석을 대보고 늘어뜨렸을 때 아래로 향하는 면이 물고기에 수놓은 접점과 붙을 수 있도록 자석의 극을 반드시 확인한 다음 붙여야 한다. 끈의 끝을 한 번 묶어 면을 만들면 붙이기 쉽다).

tip

전도성 실로 접점을 만들어 준 방향에 자석을 대어 반대되는 극을 향해 서로 당기도록 해준다.

22

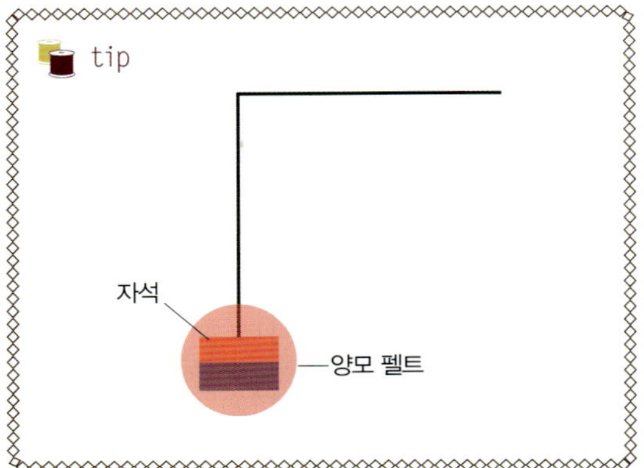

양모 펠트를 자석을 충분히 가릴 만큼의 크기로 뜯어내
어 감싼 뒤 낚싯줄 끝 부분을 양모 펠트로 꾸며 준다(양
모 펠트로 볼 만드는 법은 '기본 편' 참고).

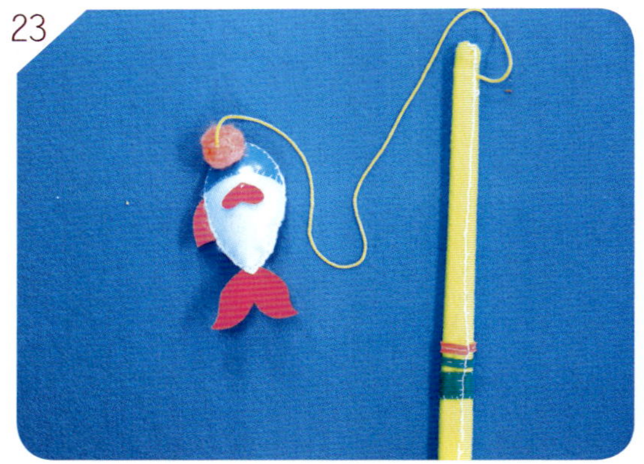

23

낚싯줄의 끝과 물고기의 접점이 붙으면 물고기에 불이
들어온다.

24

같은 방법으로 여러 종류의 해양생물을 만들 수 있다.

완성

전기회로도

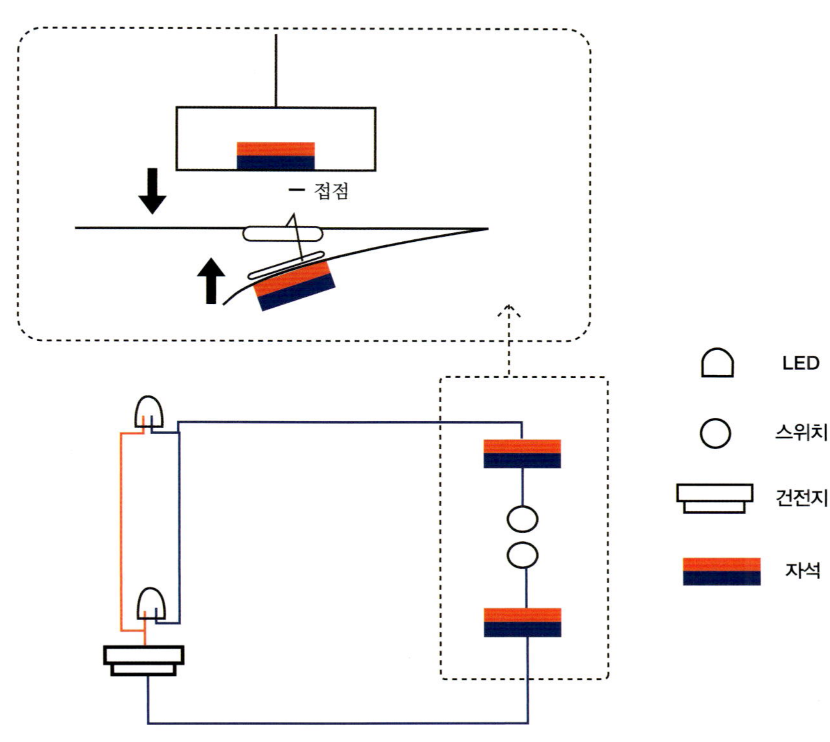

06

사랑의 편지함

이메일, 문자메시지, 편리한 도구에 길들여진 아이들. 때로는 정성 들여 쓴 손편지로 대화를 나눠 보는 것은 어떨까? 따스한 불빛으로 편지가 있음을 알려 주는 열기구 모양의 편지함에서 온기가 느껴진다. 편지를 주고받으며 아이들과 마음을 나누어 보자.

제작원리 | 쪽지를 넣으면 빛이 차단되면서 열기구에서 빛이 나는 원리

준비물

소프트 펠트(흰색, 하늘색, 연노란색)
접착 펠트(빨간색)
솜
종이컵
3v 전지
LED 전구
빛센서
100k옴 저항
트랜지스터

전도성 실
막대 모양 비즈(금색)
양모 펠트(흰색)

1

도안대로 펠트를 재단한다.

2

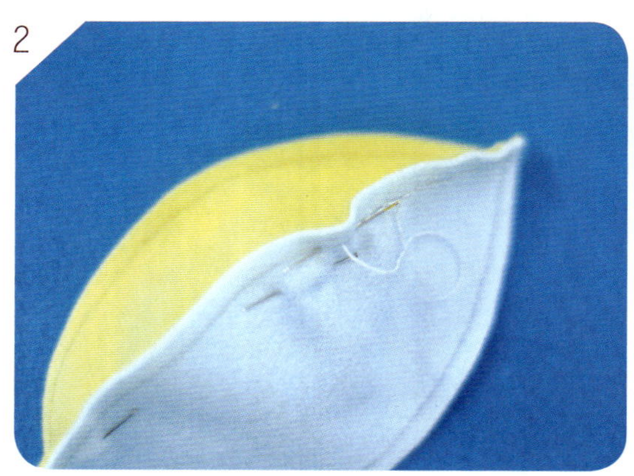

원하는 대로 색을 조합해서 우선 3장을 모아 핀으로 고정한다.

3

핀으로 고정한 조각을 박음질하여 아래와 같이 반구 형태가 되도록 만든다. 다른 3장도 같은 방법으로 박음질한다.

3장씩 박음질된 조각들을 합쳐 공의 형태가 되도록 잇고, 그 두 개를 같이 박음질하되 마지막 부분에서는 뒤집을 구멍을 5cm 정도 남겨 놓는다.

그 구멍을 통해 안팎을 뒤집어 시접이 안으로 들어가게 한 다음. 모양이 잡힐 때까지 구멍 안에 솜을 넣는다.

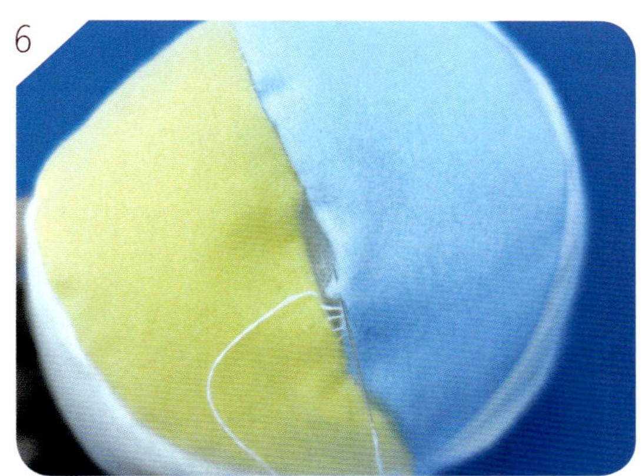

탱탱하게 모양을 잡은 뒤 공그르기로 꿰맨다.

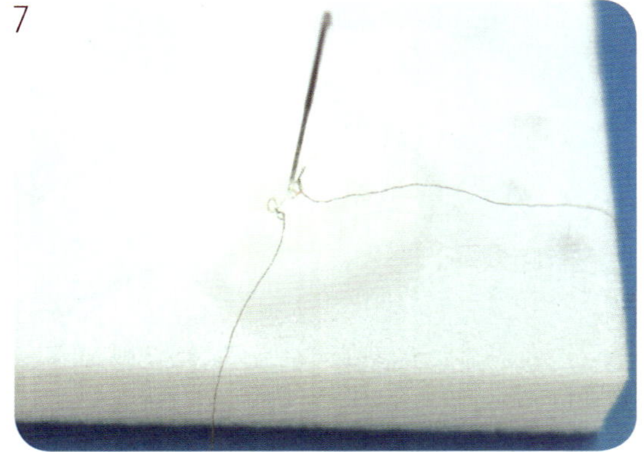

7

LED는 다리를 구부려서 고리를 만든 다음 전도성 실을
25cm 정도로 길게 연결한다.

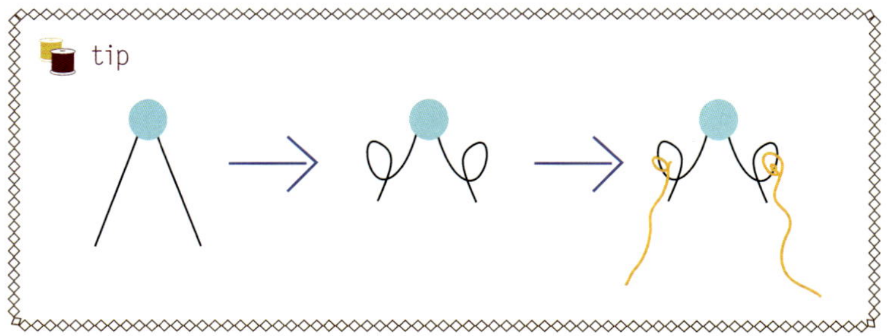

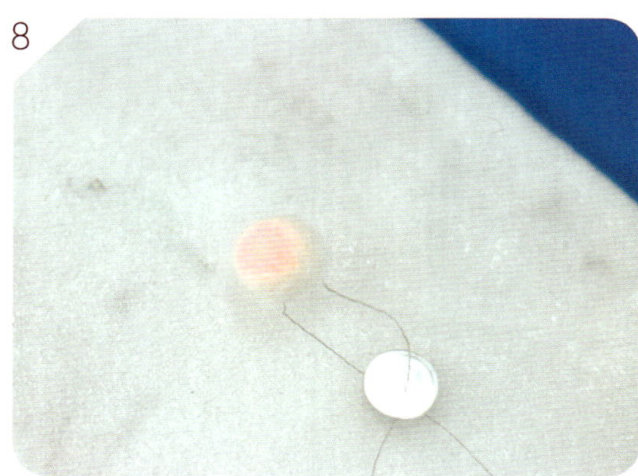

8

양모에 전도성 실이 연결된 LED를 넣고 니들 펠트용 니
들을 이용해 공 모양으로 만들어 준다('기본 편'의 니들
펠트 만들기 참고).

9

LED가 들어있는 양모 공을 열기구의 아랫부분에 실로
간단하게 고정시킨다.

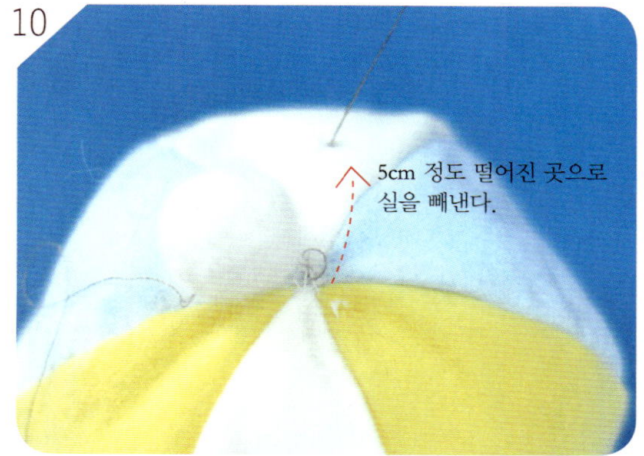

10

열기구 아랫부분에 LED가 들어간 양모 공의 전도성 실에 +와 —를 표시한 후 바늘에 끼워 각각 양모 공에서 약 5cm 떨어진 양쪽으로 빼내어 준다.

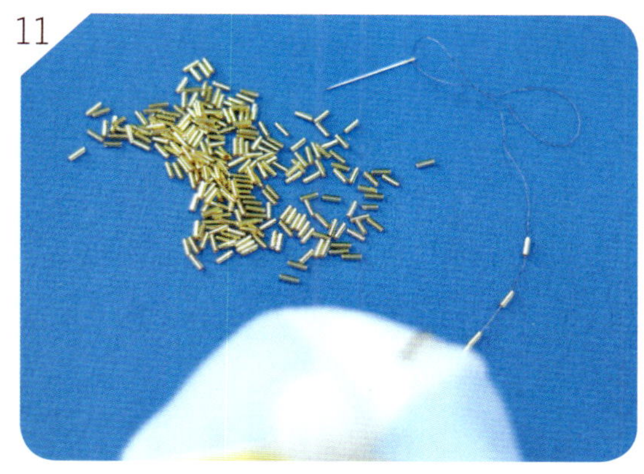

11

빼낸 실에 +와 —를 표시한 후 길게 남겨 둔 각각의 전도성 실에 비즈를 끼운다.

12

25~30개 정도를 끼운 뒤 전도성 실을 자르지 않고 길게 여분을 남겨 둔다.

13

펠트에 종이컵 바닥 부분을 대고 그린 후 종이컵 안쪽으로 펠트가 들어갈 수 있게 원 모양을 재단한다.

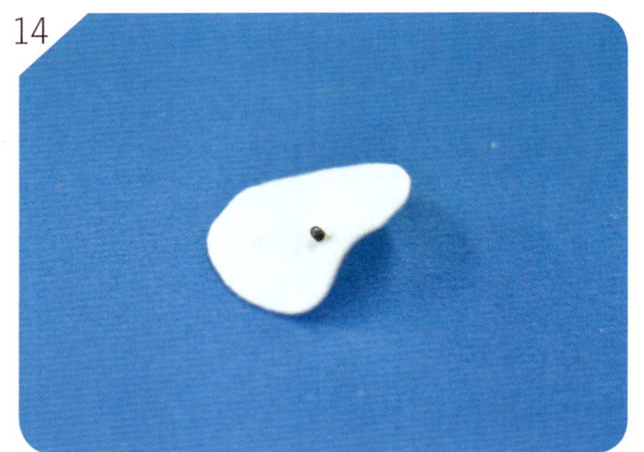

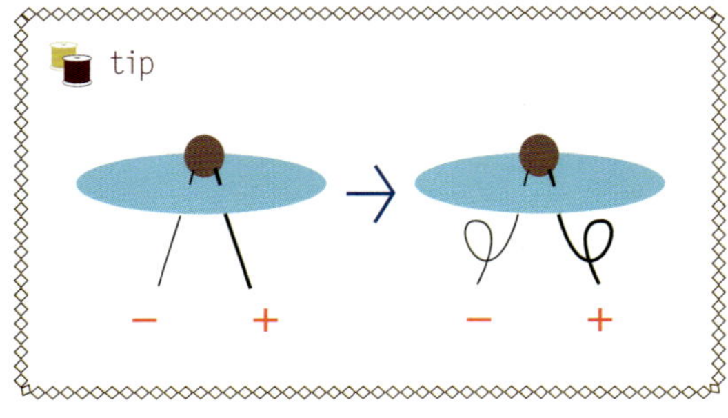

빛센서가 재단한 펠트를 통과하도록 끼워 넣고 다리를
고리 모양으로 휘어 준다. 여기서 빛센서의 얇은 다리가
−이고, 두꺼운 다리가 +이다.

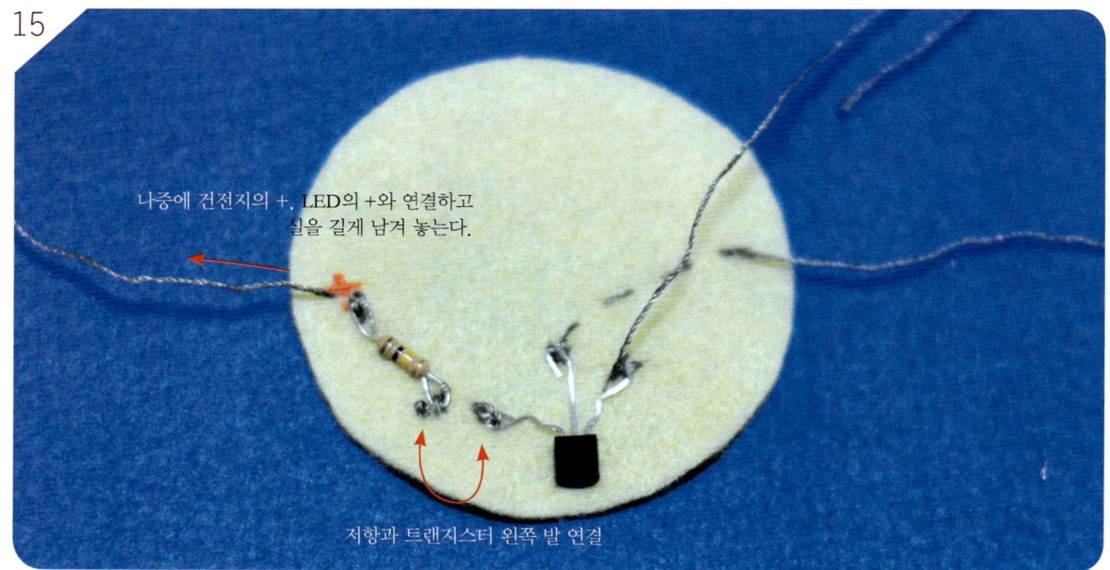

트랜지스터의 왼쪽 발과 저항을 연결한다. 실은 길게 남겨 놓는다. (나중에 이 실은 전지케이스의 +, LED의 +와 연결한
다.)

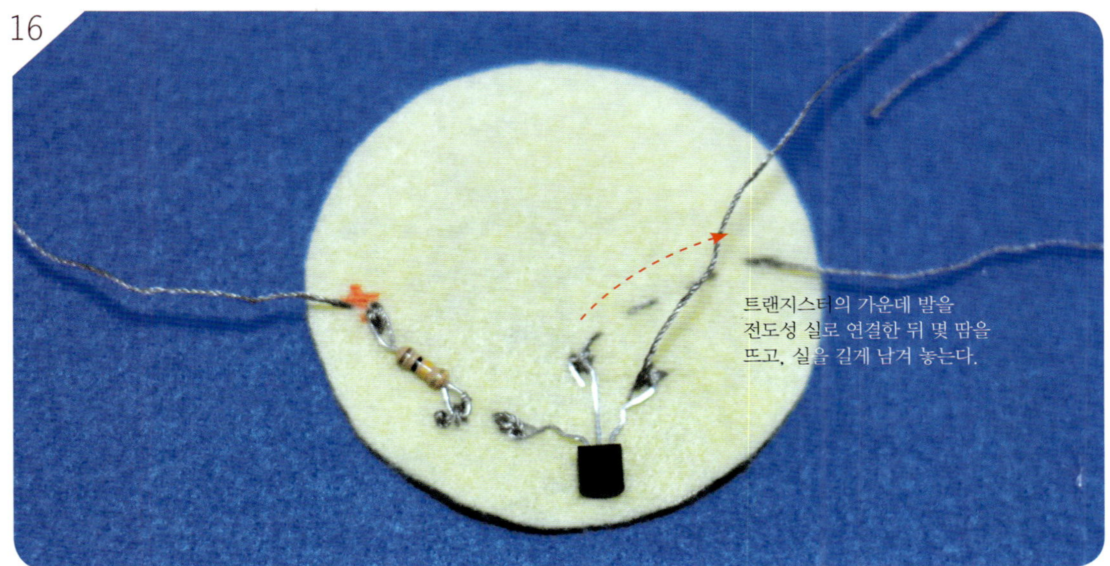

가운데 발은 전도성 실로 연결한 후 몇 땀을 뜨고 실을 길게 남겨 놓는다. (나중에 LED의 −와 연결된다.)

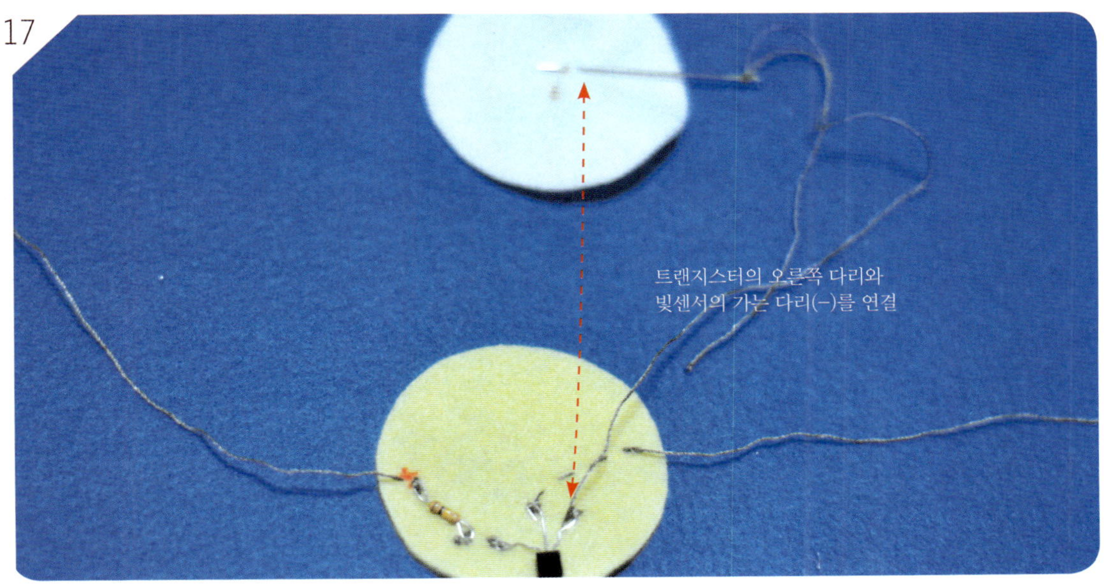

트랜지스터의 오른쪽 발은 빛센서의 가는 다리인 −와 연결한다.

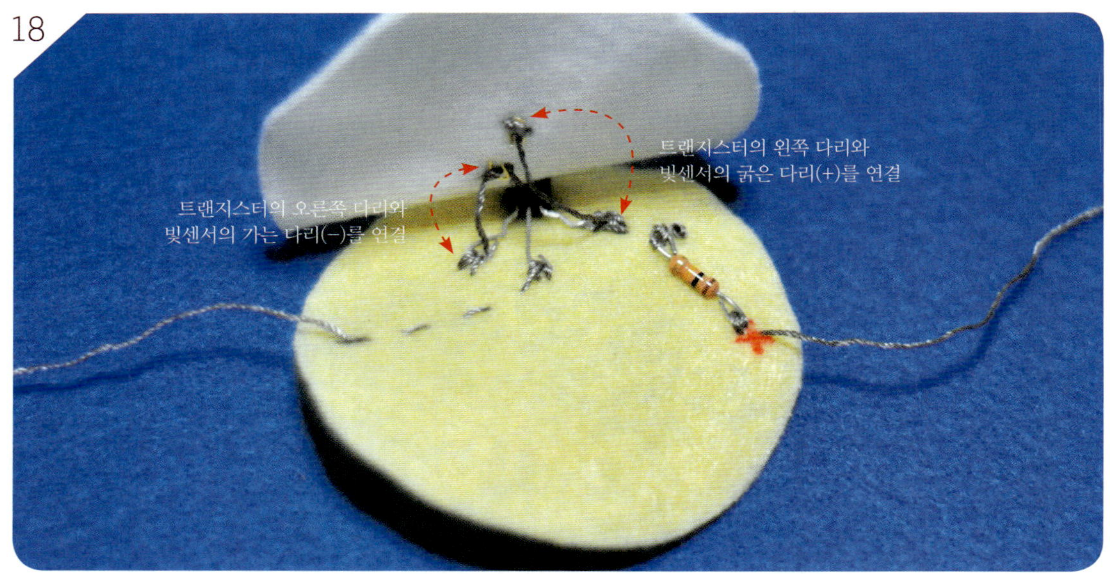

트랜지스터의 왼쪽 발과 빛센서의 굵은 다리인 +를 연결한다.

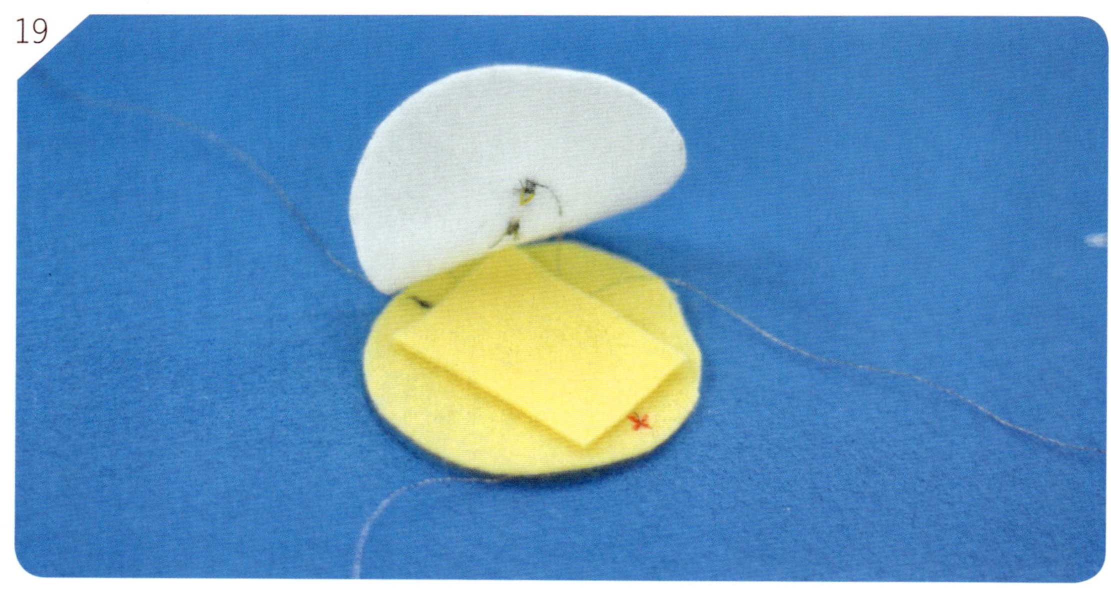

빛센서의 전선과 트랜지스터의 전선이 겹치지 않도록 펠트를 잘라서 사이에 껴놓는다.

트랜지스터 오른쪽 발에서 아래쪽으로 전지케이스 −와 연결될 실을 길게 남겨 둔다(트랜지스터의 오른쪽 발은 빛센서의 −와도 연결된 상태).

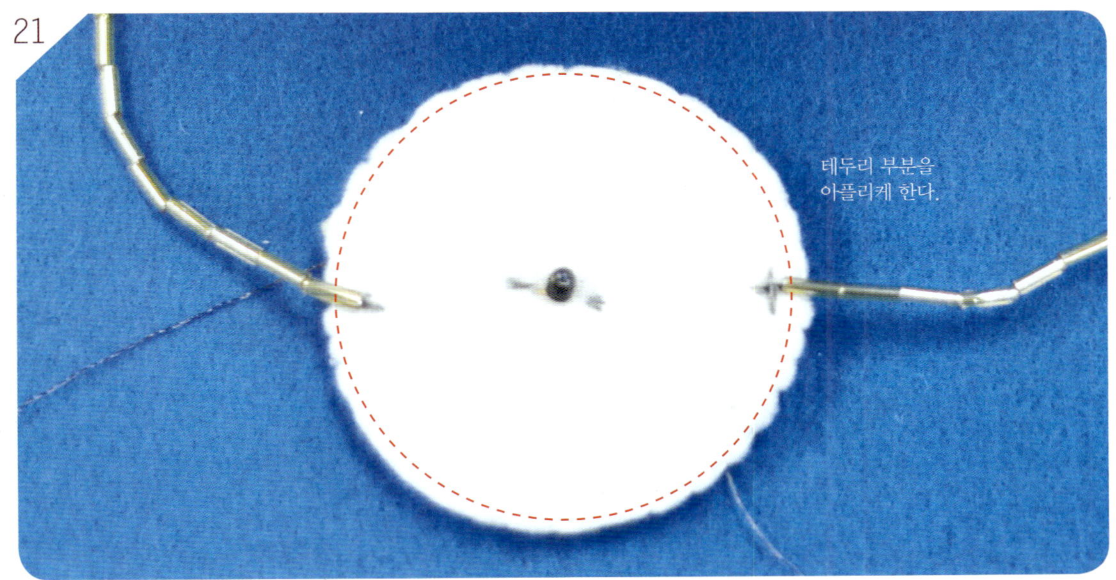

연결이 다 되었으면 필요한 실들을 길게 남겨 두었는지 확인하고 아플리케 하여 노란색 펠트와 하얀색 펠트를 붙인다.

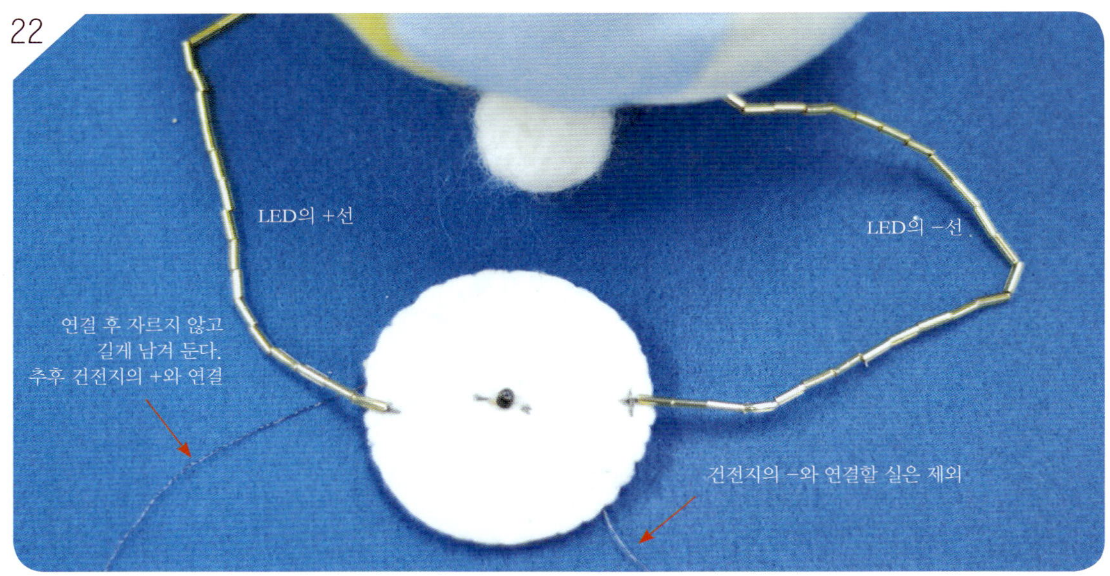

길게 남겨 둔 전도성 실들을(위에서 전지케이스와 연결할 실은 제외) 각각 +, -에 맞게 연결한다. - 부분의 실은 연결한
다음 잘라도 되지만 + 부분의 실은 계속 남겨 둔다(전지케이스의 +와도 연결).

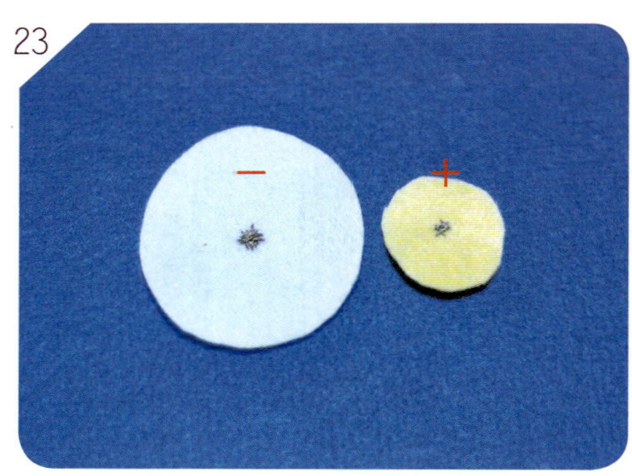

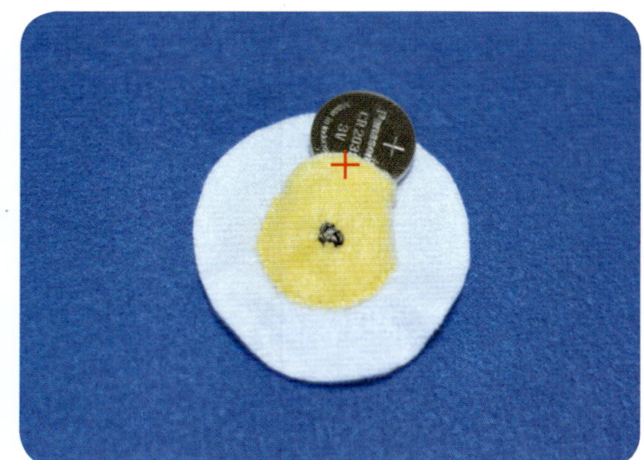

종이컵 밑면 부분의 -에 맞도록 전지케이스를 만든다.

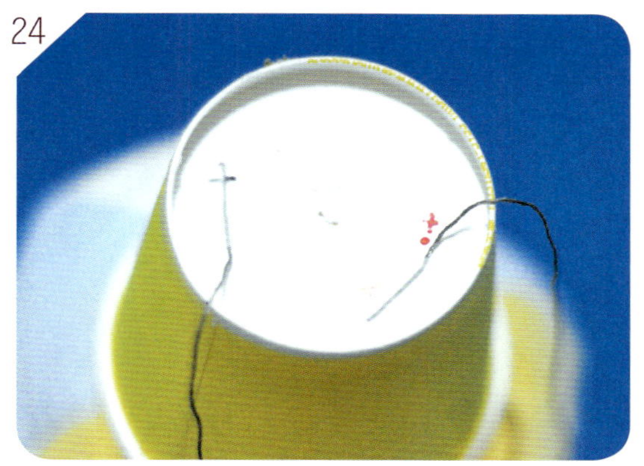

종이컵 아래쪽에 전도성 실을 통과시킨 후 테이프로 고
정시킨다(+, − 표시).

만들어 둔 전지케이스의 +, −와 맞게 연결하고 글루건
으로 단단히 고정한다.

비즈가 끼워진 열기구 줄(비즈를 끼운 실)과 종이컵을
바느질하여 고정시킨다.

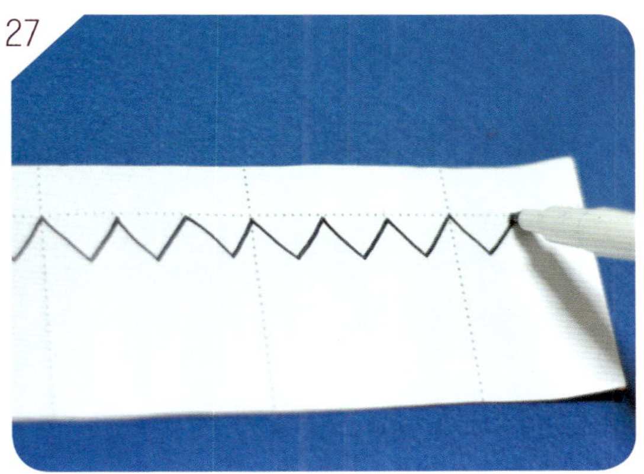

접착펠트에 그림을 그린다.

28

종이컵 위쪽을 감싸서 붙인다.

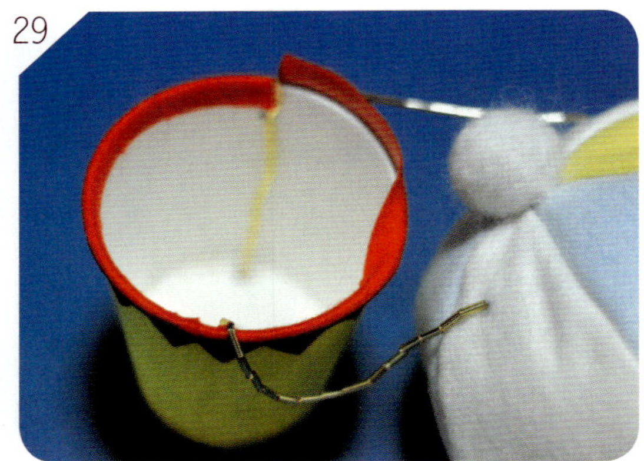

29

깔끔하게 마무리한다.

30

완성

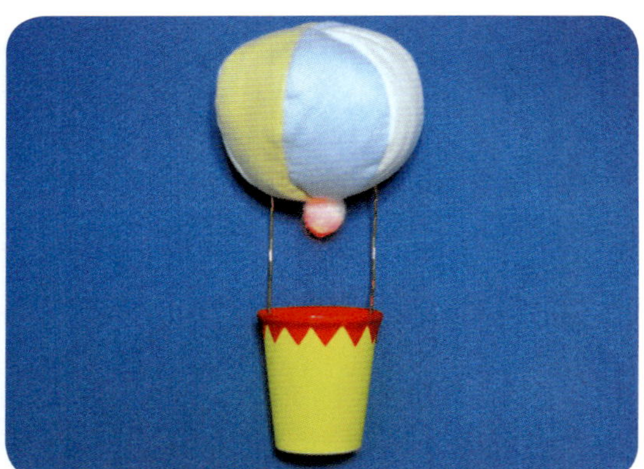

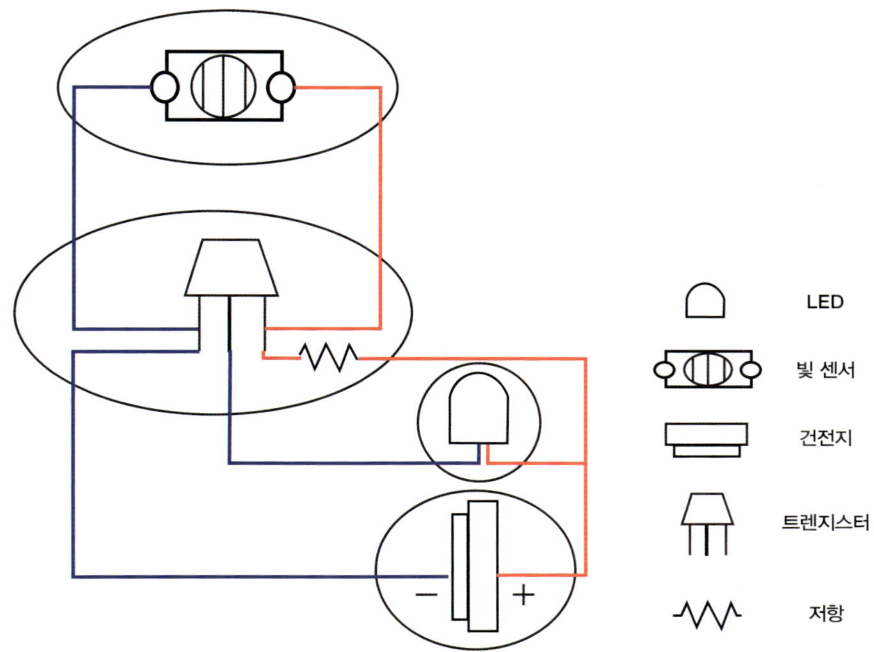

LED
빛 센서
건전지
트렌지스터
저항

신기한 주방놀이

아이들의 역할 놀이에서 빠질 수 없는 주방놀이 용품, 엄마가 직접 만들어 아이의 감성지수를 높여 보자. 가스레인지 위에 프라이팬을 올려놓으면 불꽃에 불이 들어오는 펠트 주방놀이 용품을 만들어 안전하면서도 즐거운 놀이시간을 가질 수 있다.

제작원리 가스레인지 위에 프라이팬을 올리면 가스레인지 불꽃 모양에 불이 들어온다.

READY

준비물

두꺼운 펠트(진보라, 연보라, 녹색)
펠트
색실
전도성 실
네오디움 자석 2개

전지
LED(빨간색) 4개
양모 펠트(붉은 계열)
글루건

* 펠트의 색깔은 예시일 뿐이며 본인이 만들고자 하는 가스레인지 몸체의 색에 따라 자유롭게 고를 수 있다.
단, 가스레인지의 몸체로 사용할 펠트는 두꺼운 펠트를 선택하는 편이 만든 뒤에 가스레인지의 형태가 무너지지
않고 고정된다.

* LED 다리는 만들기 전 미리 +극(다리가 더 긴 쪽)에 유성펜으로 표시해 주는 것이 좋다.

1 펠트를 도면대로 자른다.

🐝 가스레인지 상판에 불이 들어올 수 있도록 만들기

2 자른 펠트 중 가스레인지 상판 부분을 가스레인지 모양
으로 붙여 꾸며 준다.

3 사진에서 붉은 원으로 표시된 곳에 LED 4개를 꽂는다.
꽂은 다음 뒷면에서 다리를 고리처럼 동그랗게 말아 준
다.

4

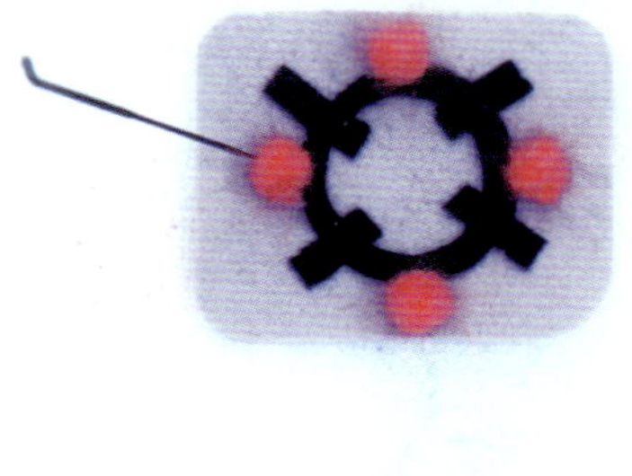

위에 양모 펠트로 불꽃 모양을 만들어 준다.

5

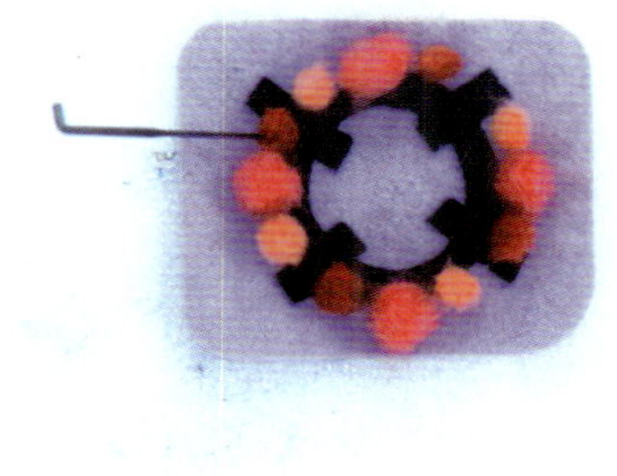

비어 있는 곳도 마찬가지로 불꽃을 만들어 붙인다.

6

펠트를 뒤집어 각각 +극과 −극을 전도성 실로 이어 준
다.

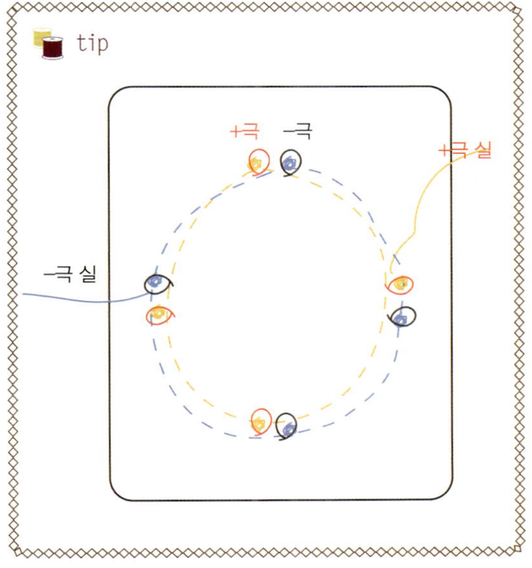

7

6번에서 작업한 위에 펠트를 덮어 준다. 이때 길게 빼놓 았던 −극과 +극의 전도성 실은 바늘에 끼워 펠트 밖으 로 빼낸다.

8

−극 쪽의 전도성 실을 사용해 가운데 부분에 접점을 수 놓는다.

9

다시 뒤집으면 사진과 같은 상태가 된다. +극 쪽의 실은 그대로 길게 빼 둔다.

10

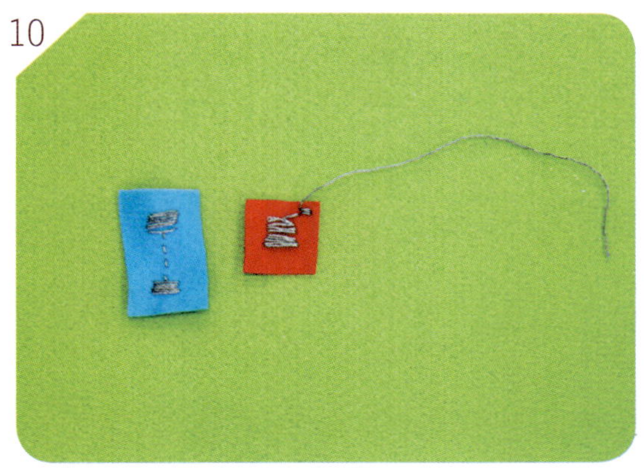

전도성 실을 사용해 전지케이스를 만든다. 한 개는 길이를 길게 만들어 두 개의 접점을 만들어 주고, 하나는 다른 하나보다 짧게 만들어 가운데에 접점을 수놓는다. 사이즈가 작은 쪽의 전도성 실은 사진과 같이 길게 빼서 남겨 놓는다.

11

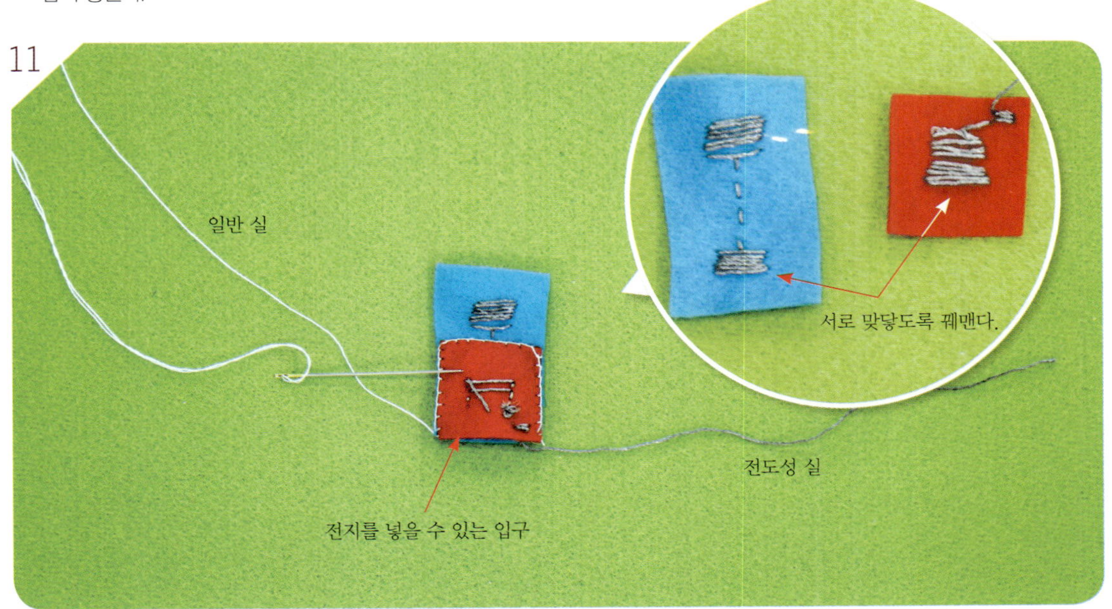

두 면을 마주보게 한 후 꿰매어 전지케이스를 완성한다. 이때 두 면을 연결할 실은 전도성 실이 아닌 일반 실을 사용한다. 한쪽은 바느질하지 않고 전지를 넣을 수 있는 입구를 만들어 놓는다.

12

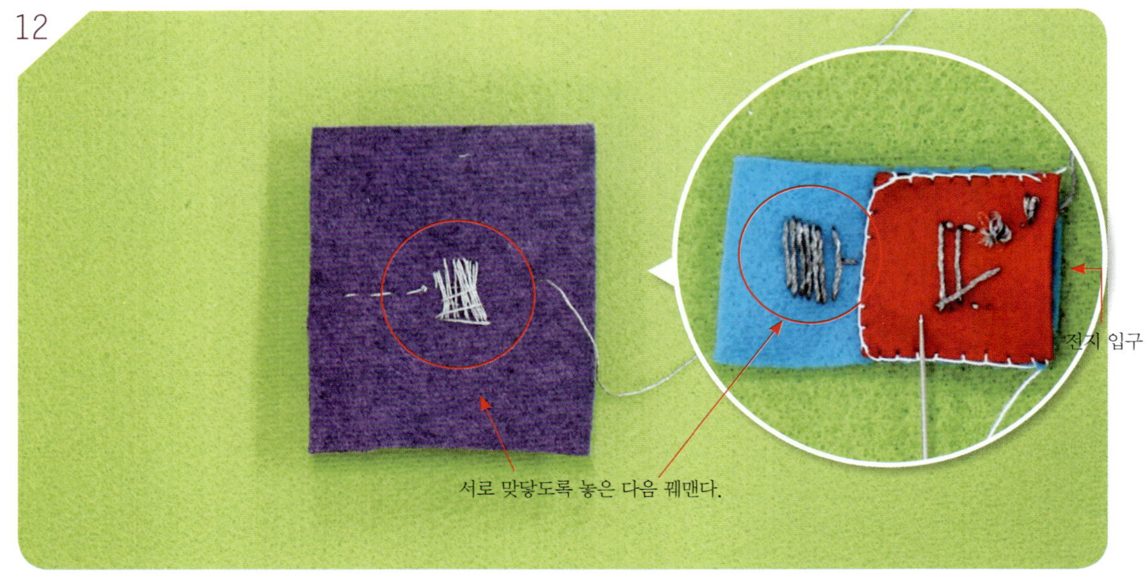

서로 맞닿도록 놓은 다음 꿰맨다.

전지케이스의 접점과 가스레인지의 상판이 맞닿는 위치에 전지케이스를 붙인다.

13

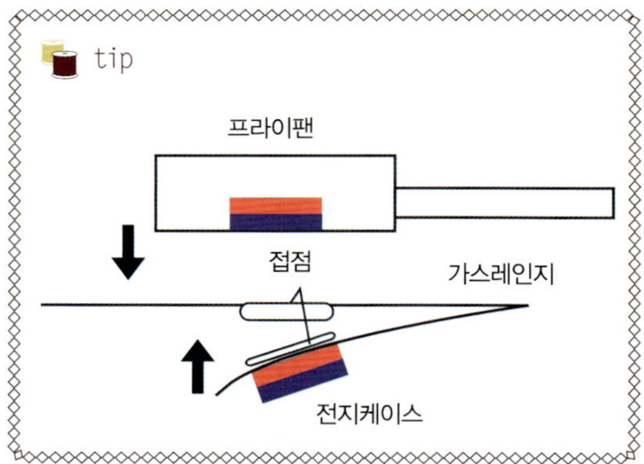

이때 전지케이스는 입구와 맞닿는 곳만 바느질하여 고
정시키고 다른 곳에는 바느질을 하지 않는다. 왜냐하면
그림과 같이 평소에는 접점이 떨어져 있다가 자석이 들
어 있는 프라이팬을 올려놓으면 자력에 의해 전지케이
스에 바느질해 놓은 접점과 가스레인지 하단에 바느질
해 놓은 접점이 서로 달라붙으면서 불이 들어오도록 하
는 원리로 작동하기 때문이다.

전지케이스의 붉은 면에서 길게 빼놓았던 전도성 실과 LED의 +극에서 가스레인지 상판을 통해 길게 빼놓았던 (9번 참고) +극 전도성 실을 서로 묶어서 이어 준다. 이렇게 하면 전지케이스의 +극과 LED의 +극의 전도성 실이 하나로 연결된다.

사진과 같이 전지케이스의 접점 위에 자석을 올려놓고 글루건으로 붙인다.

가스레인지 옆면을 펠트로 꾸며 준다.

17

다른 면도 모두 꾸며 준다.

18

17번의 펠트를 네 면에 둘러가며 이어 붙인다. 이때 전
지를 넣을 입구가 있는 쪽을 뒷면으로 향하게 해서 붙여
야 한다.

19 이때 뒷면에는 전지가 들어갈 수 있도록 구멍을 두고 꿰매도록 한다.

20 밑면을 꿰매어 마무리한다.

21 프라이팬을 도면대로 자른다.

22 프라이팬 옆면을 밑면에 둘러가며 꿰매어 연결시킨다.

손잡이를 만들어 붙인다.

글루건을 이용해 프라이팬 가운데에 자석을 붙인다.

그 위에 펠트로 계란을 만들어 글루건으로 붙여 자석을
가려 준다.

완성

프라이팬을 올리면 불이 들어온다.

전기회로도

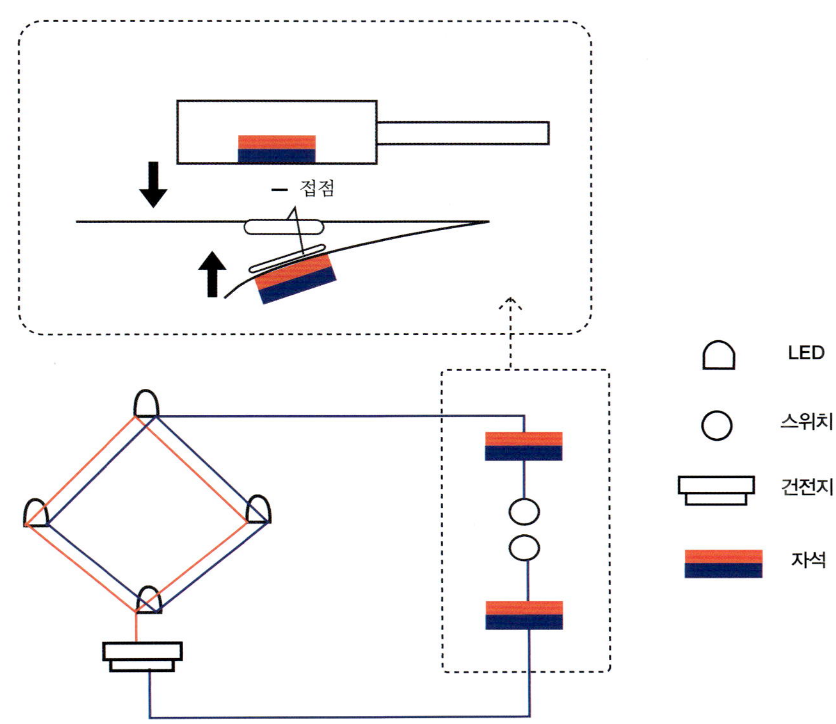

 # 카메라 파우치

아이들이라면 누구나 좋아하는 사진 찍기 놀이. 크레파스, 색연필 등 아이들이 외출할 때 저절로 자기 물건을 챙기고 싶어질 카메라 모양의 특별한 가방을 만들어 주자. 버튼을 누르면 하트에 불빛이 들어와 재미있는 놀이를 할 수 있으면서 파우치로도 사용할 수 있어 실용성도 겸한 소품.

제작원리 ┃ 셔터를 누르면 스위치가 눌려 하트에서 빛이 나온다.

READY

준비물

실(펠트 색상에 맞춰서)
전도성 실
솜방울
리본 15mm×30mm 2개
목걸이용 끈
소프트 펠트(하늘색, 청록색, 빨간색)
2mm 펠트(흰색)
지퍼

양모 펠트(흰색)
LED(빨간색)
3v 코인전지

🐝 카메라 몸체 만들기

1

재료를 도안에 맞춰 재단한다.

2

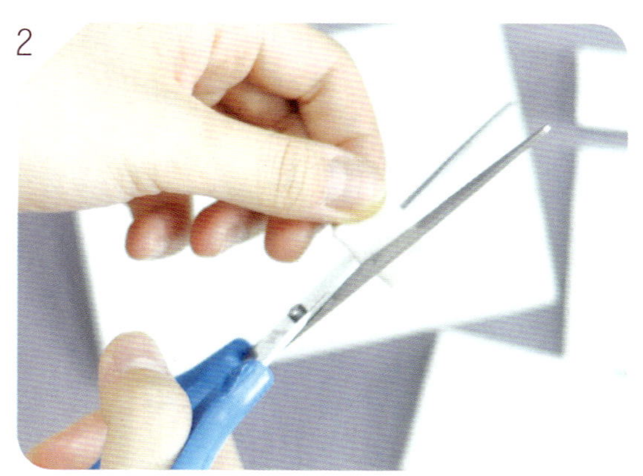

카메라 뷰파인더 부분의 구멍은 펠트를 반으로 접어서 가운데 부분을 네모 모양으로 오려낸다(구멍이 뚫린 네모난 도넛 모양이 되도록 만든다).

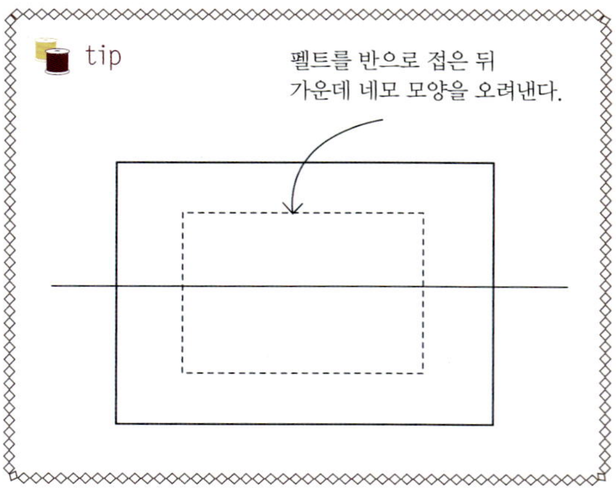

재단한 펠트에 하늘색–청록색–빨간색(크기가 큰 순으로) 차례대로 시침질을 한다.

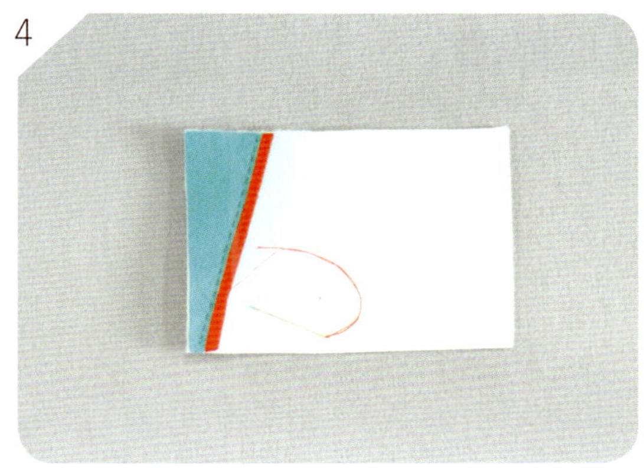

빨간색 조각 부분을 스티치한다.

양모 펠트는 잡아당겨 뜯는다.

6

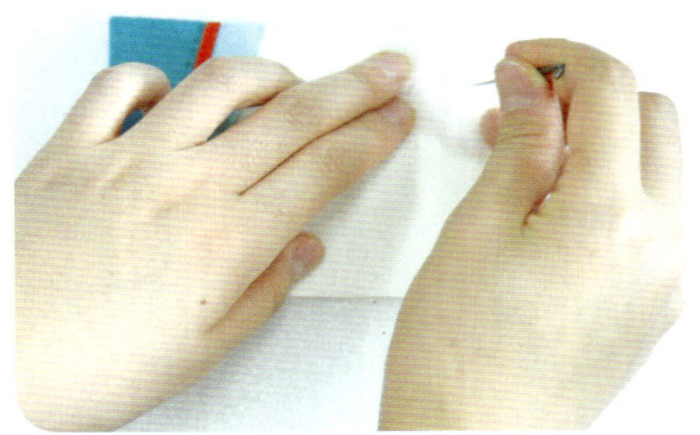

시침질을 마친 펠트 위에 도안대로 하트를 그린 후 그 부분에 양모 펠트를 동그랗게 뭉쳐서 올리고 바늘로 찔러 고정시킨다. 하트 모양을 만들면서 단단하게 뭉쳐질 때까지 계속 찌른다(니들펠트 바늘을 사용하면 더욱 편리하다).

7

만들어진 양모 하트 주변에 빨간 실로 테두리를 박음질한다.

8

재단된 펠트 중 카메라의 윗부분에 도안대로 앞면과 만나는 부분을 표시한다. 표시된 부분이 앞면의 모서리에 맞도록 시침핀으로 고정한다.

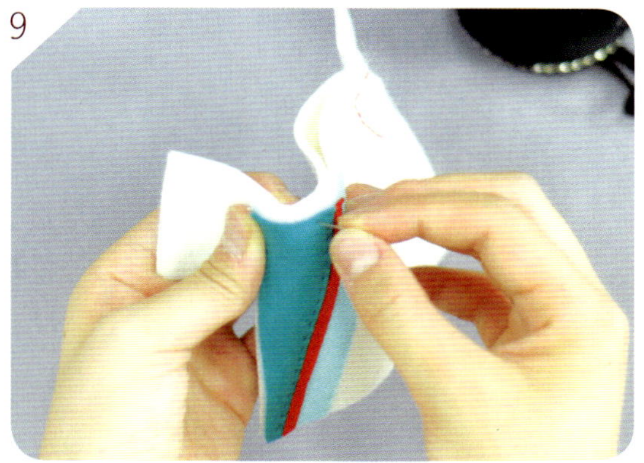 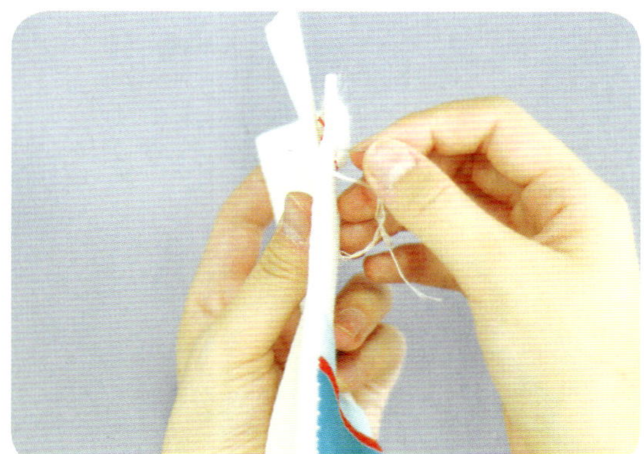

9

모서리를 버튼홀 스티치로 꿰맨다.

 **카메라 몸체에 LED 장치하기**

 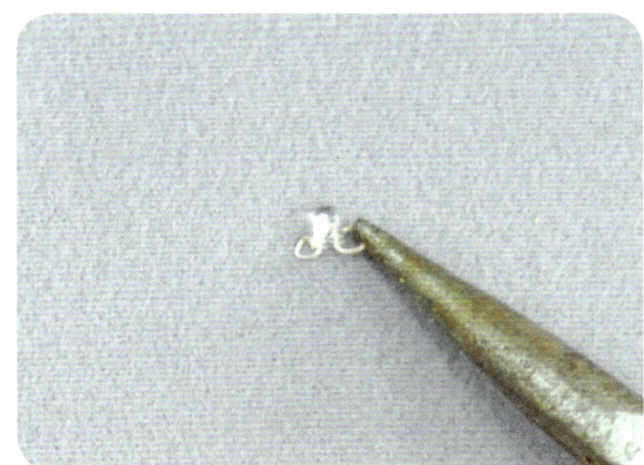

10

LED 다리를 적당히 자른 후 휘어서 고리로 만든다. +
부분에 빨간색 펜으로 표시해 주면 편하다.

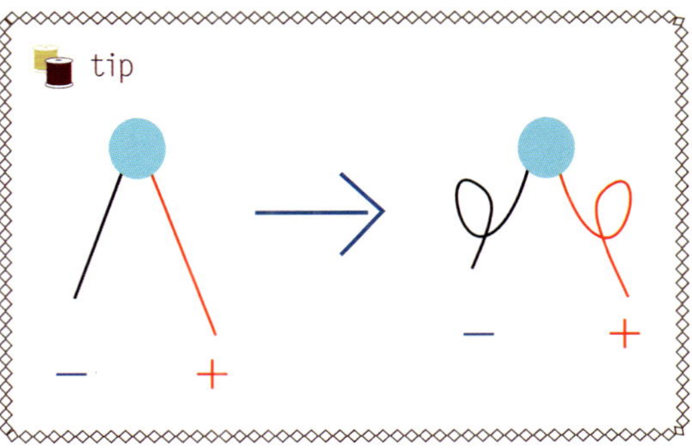

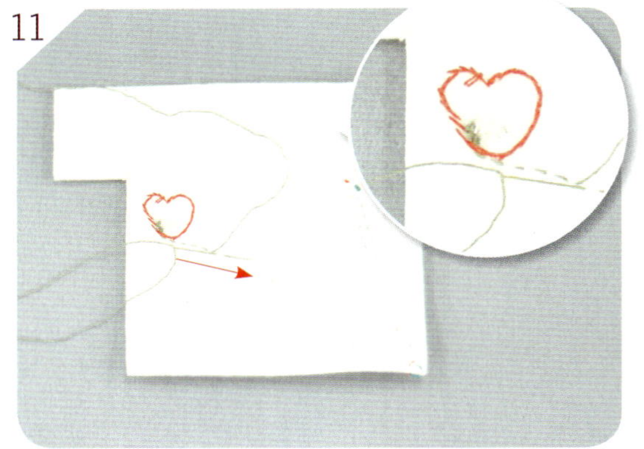

전구를 하트 쪽으로 기울인 뒤 LED의 + 부분 고리를 전
도성 실로 펠트에 고정시킨다. 바느질을 얕게 해서 앞쪽
으로는 실이 보이지 않도록 한다. 표시된 중앙 부분까지
시침질을 한다.

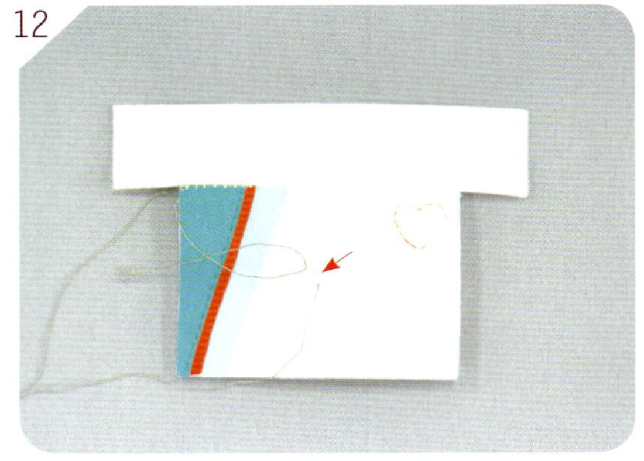

중앙 부분에서 앞쪽으로 바늘을 꺼내 여러 번 바느질한
다.

전지케이스가 될 재단된 원형의 소프트 펠트를 전도성
실로 여러 번 바느질한다.

왼쪽으로 시침질하여 빼낸 후 카메라 앞면의 뒤쪽으로
바늘을 빼낸다.

빼낸 바늘을 셔터 부분이 될 카메라의 윗면 펠트까지 시
침질한다.

셔터 부분의 두 접점(윗면과 솜방울)이 만났을 때 불이
켜지는 구조이기 때문에, 두 접점 사이에 공간을 만들어
주기 위해 가운데가 뚫린 원형 펠트를 솜방울 크기에 맞
춰서 자른 후 바느질로 고정한다.

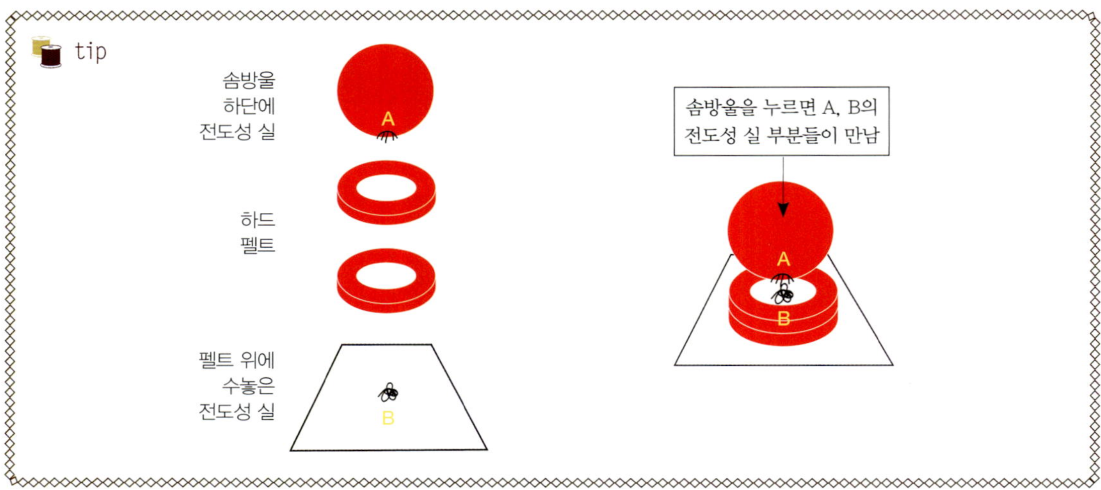

17

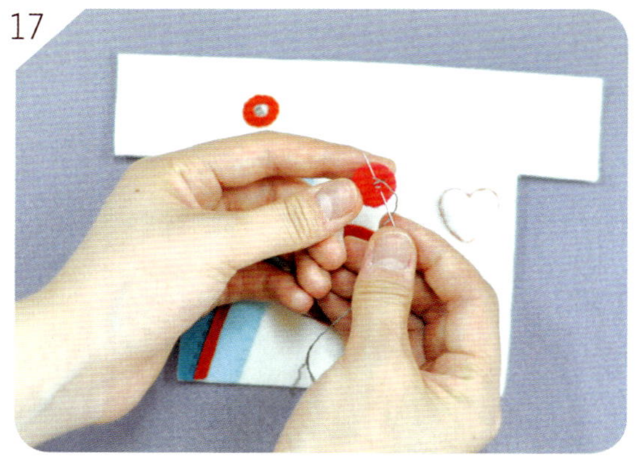

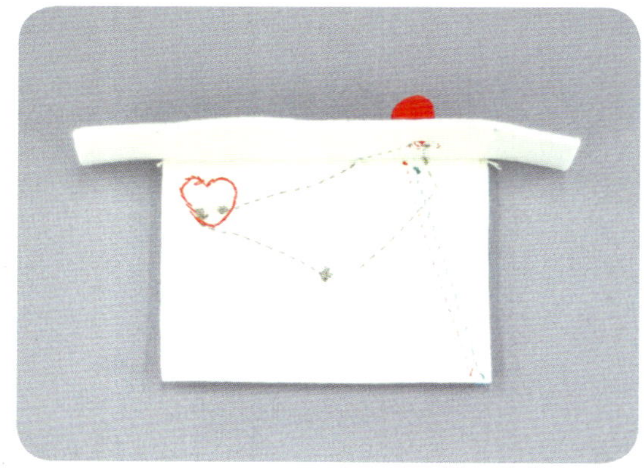

솜방울에 전도성 실로 여러 번 바느질해서 접점을 만들고
뒤쪽으로 바늘을 빼내어 LED의 − 부분까지 시침질로 바느
질한 후 고정한다.

18

재단된 흰색 펠트를 바느질한 전지케이스 윗면에 부착
하고 전지케이스 주변을 전지 사이즈에 맞게 시침질한
다.

19

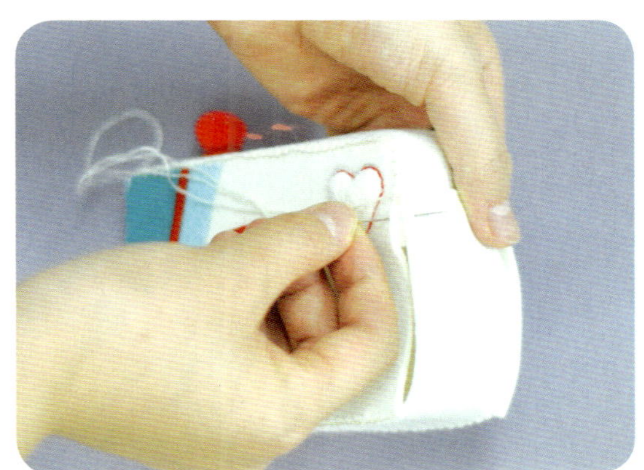

윗면과 재단된 뒷면을 버튼홀 스티치로 고정한다. 아랫
면도 마찬가지로 고정한 다음 옆면은 아랫면의 옆부분
이 윗면의 위로 올라오도록 앞쪽만 바느질한다.

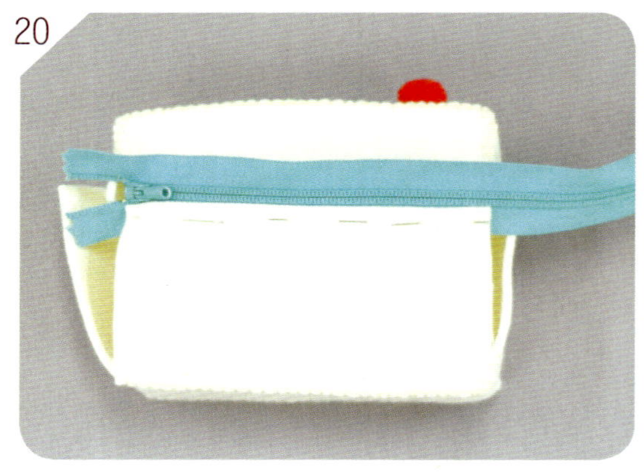

뒷면에 지퍼를 시침핀으로 고정한 뒤 적당량(1cm 정도)
을 남기고 잘라낸다.

지퍼의 위아래를 박음질로 고정한다.

옆면에 잘라 둔 리본을 반으로 접어서 박음질한다.

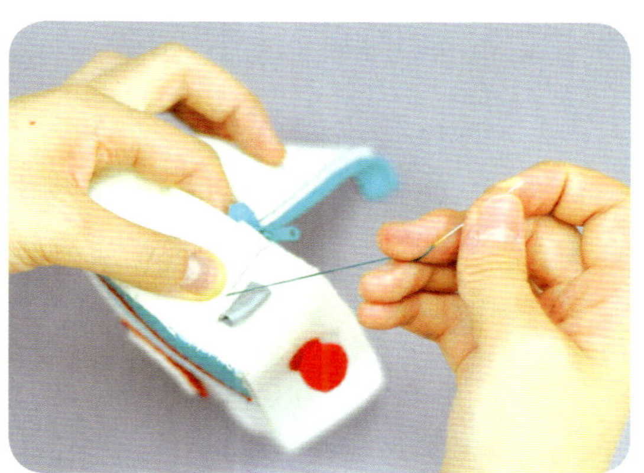

옆면의 뒤쪽도 버튼홀로 고정한다.

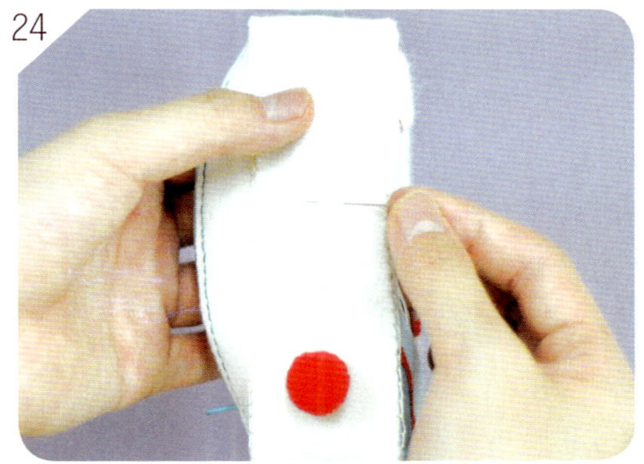

뷰파인더 부분을 카메라 윗면의 중앙에 놓고 앞뒤로 바느질해서 고정한다.

완성

전기회로도

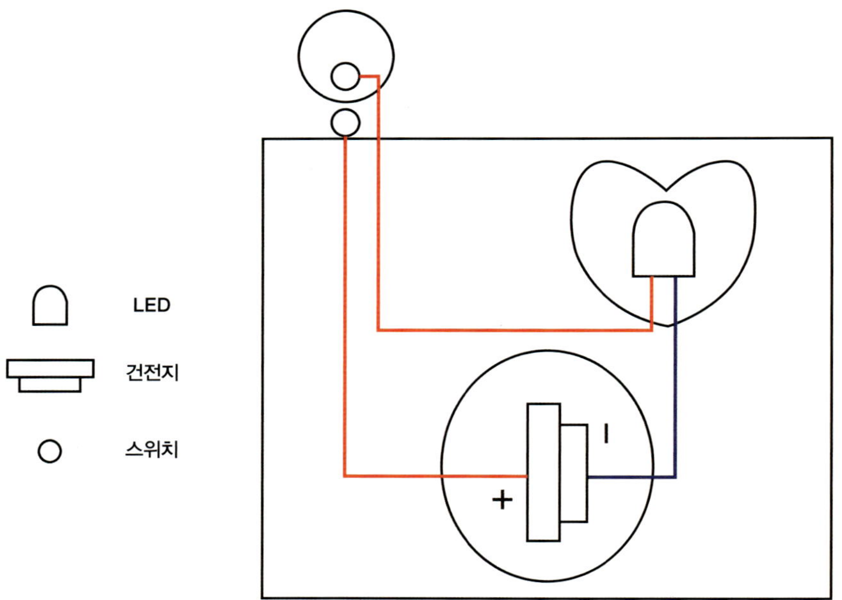

화려한 공작새

날개를 펼치면 날개 사이에서 빛이 나오는 공작새 인형을 만들어 보자. 뽐내기를 좋아하는 공작새의 날개에 예쁜 불빛을 달아 주니 으쓱한 공작새의 표정이 한층 돋보이는 듯. 깜깜한 방에서 혼자 잠들기 무서워하는 아이의 머리맡에 날개를 펼쳐줘 보면 어떨까?

제작원리 │ 날개를 펼치면 기울기 스위치의 원리에 의해 빛이 나온다.

READY

준비물

소프트 펠트
전도성 실
검은색 실
LED 전구
3v 전지
기울기 스위치
실(펠트 색상에 맞춰서 준비)
털실

공예용 철사
t형 고리
양모 펠트(청색, 흰색, 살구색)

🧵 공작새 만들기

1

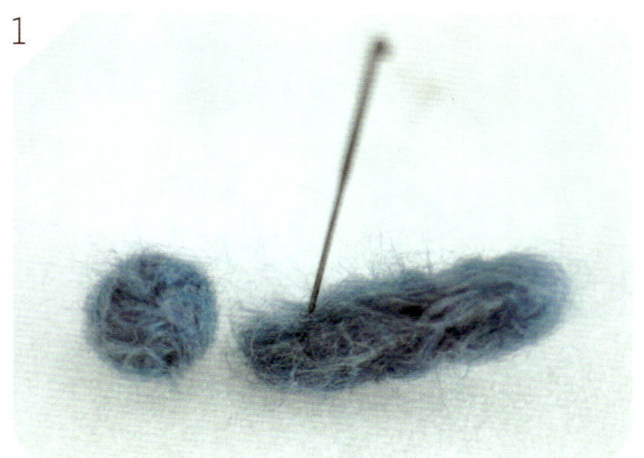

청색 양모 펠트로 머리가 될 부분은 공 모양으로 만들고, 목이 될 부분은 길쭉한 모양으로 만든다.

2

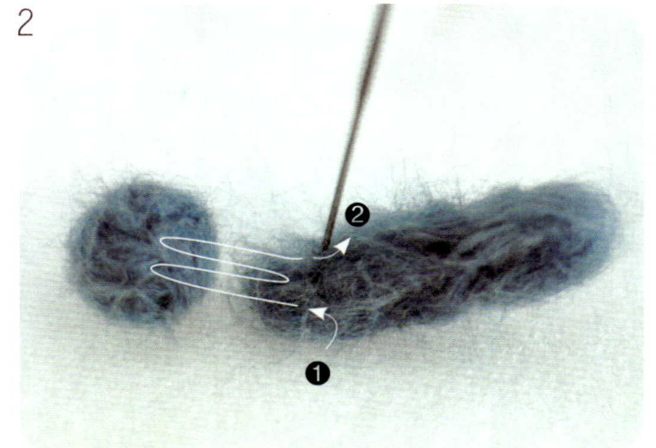

머리 부분이 될 공 모양과 몸통 부분이 될 부분을 바늘과 실로 사진과 같이 ❶에서 ❷ 방향으로 연결한다.

3

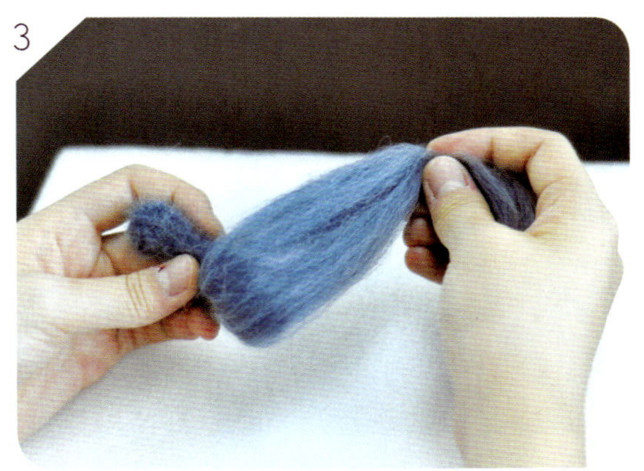

연결된 목 부분의 아래쪽으로 양모 펠트를 여러 번 감아서 몸통을 만들어 준다.

4

공작새의 얼굴, 목, 몸통 부분을 펠트 바늘로 여러 번 두드려서 사진과 같이 만든다.

5

흰색 양모 펠트를 조그맣게 뭉쳐 왼쪽과 오른쪽에 눈 부
분을 표시한다.

6

살구색 양모 펠트로 부리를 만들어 준다.

7

검은색 실을 두 겹으로 해서 눈이 될 부분을 통과시킨
후 매듭을 짓는다(부리도 겉에서 보이지 않게 꿰매어 고
정시킨다).

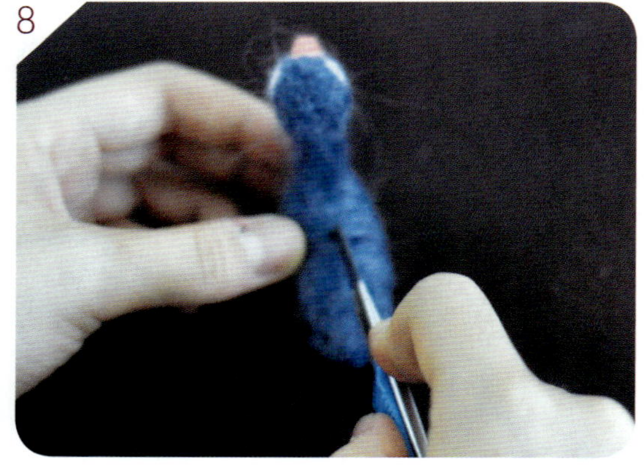

8

몸통(등쪽 부분)에 전지케이스가 들어갈 부분을 칼로 적
당한 깊이로 자른다.

9

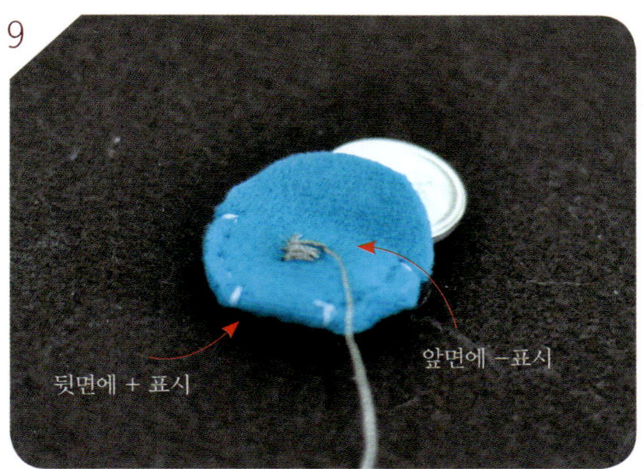

전지케이스를 만든다. 전지케이스를 만들 때 전도성 실은 자르지 않고 길게(10cm 이상) 남겨 둔다. + 부분에 바느질로 '+' 표시를 해 둔다.

10

전지케이스를 자른 몸통에 넣어서 고정한다.

11

전지케이스의 입구를 벌려 그림과 같이 스티치(감침질)를 해서 몸통에 고정시킨다. +, − 부분을 바느질하여 표시하고 전지를 삽입한다.

12

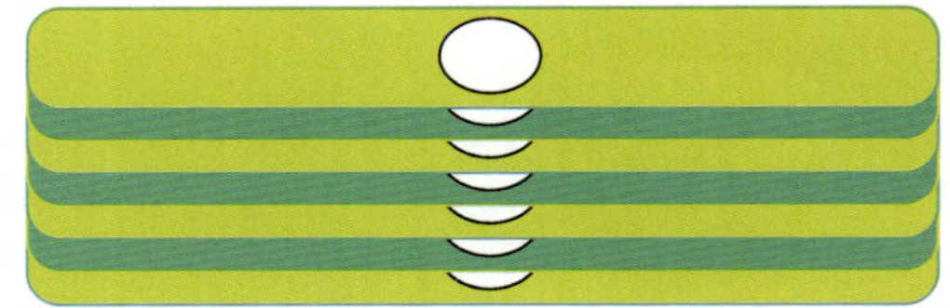

도안대로 날개 부분 7장을 자른 후 그림과 같이 포개어 놓는다.

13

날개 부분 7장을 모두 겹친 후 중간 부분을 박음질한다.

14

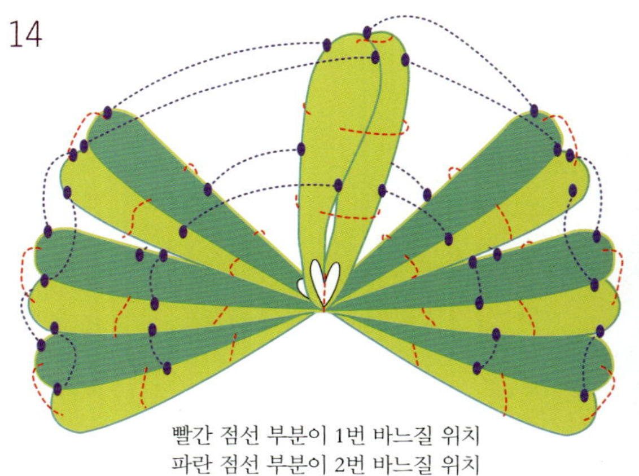

빨간 점선 부분이 1번 바느질 위치
파란 점선 부분이 2번 바느질 위치

펴놓은 상태에서 중심부터 두 장씩 1번 위치를 바느질해서 1번 위치를 고정한다.

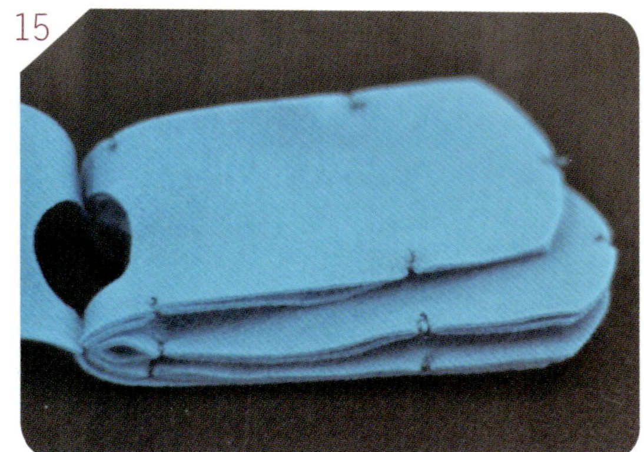

1번 바느질한 후 모습

사진과 같이 두고 2번 위치를 바느질하여 연결한다.

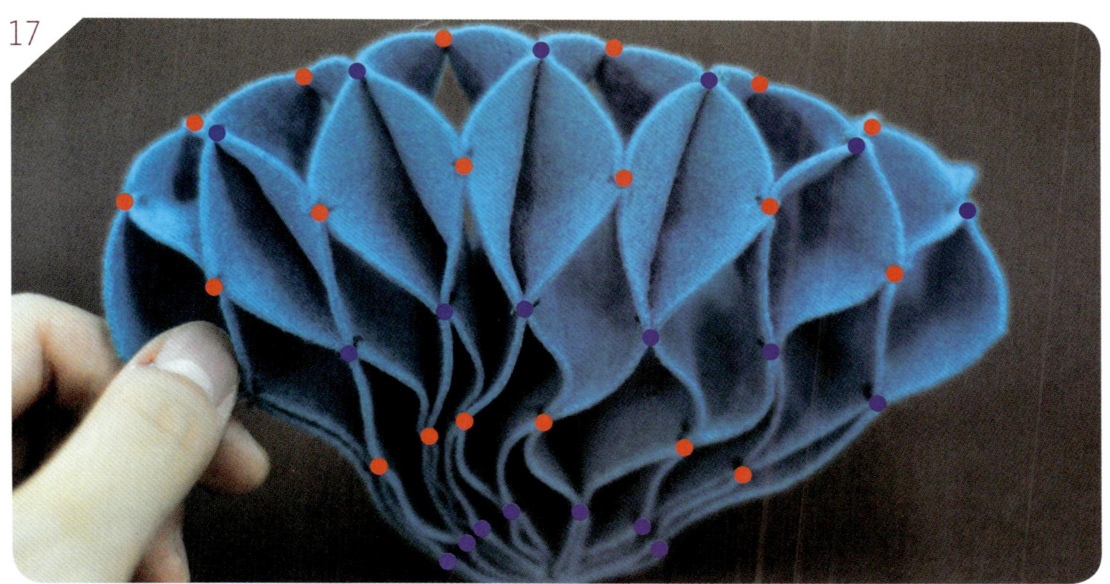

1차, 2차 바느질 후 모습(뒷면 동일)

18

LED의 다리 끝 부분을 구부려 고리를 만든 후, LED를
케이스 윗부분에 올려놓는다.

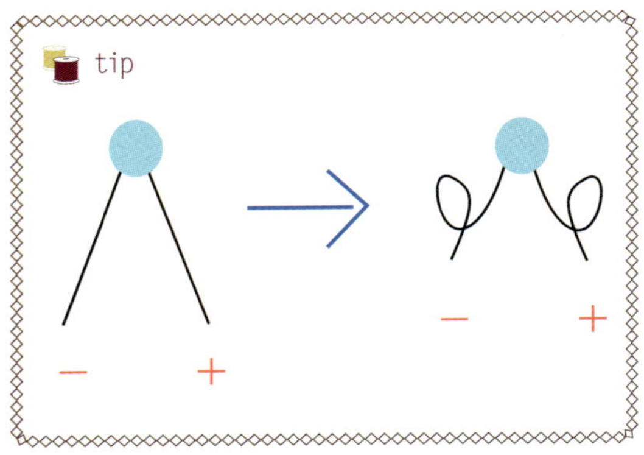

19

LED의 − 부분은 전지케이스를 만들 때 − 쪽에 남겨 놓
은 전도성 실로 고정한 후 실을 길게 남겨 둔다.

20

LED의 + 부분은 전도성 실을 새로 사용해 고정하되, 이것도 자르지 않고 길게 남겨 둔다.

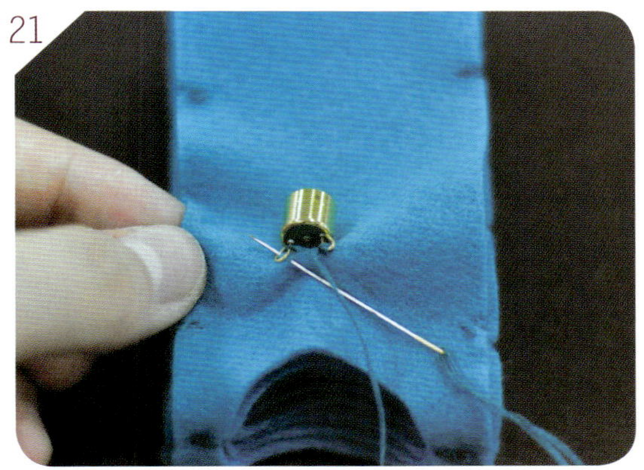

21

날개 옆부분에 기울기 스위치를 실로 간단히 고정한다.

22

실로 고정한 기울기 센서의 나머지 부분은 글루건으로 날개와 붙인다.

23

실을 사용해 날개의 양 끝 부분을 몸통으로 통과시켜서
매듭짓는다.

24

LED의 + 부분과 연결된 길게 남긴 실을 이용해서 기울
기 스위치의 한쪽에 시침질한다.

25

전지케이스 + 부분과 연결된 길게 남긴 실을 기울기 스
위치의 나머지 한쪽과 연결한다.

26

재단한 펠트에 털실을 길게 연결한다.

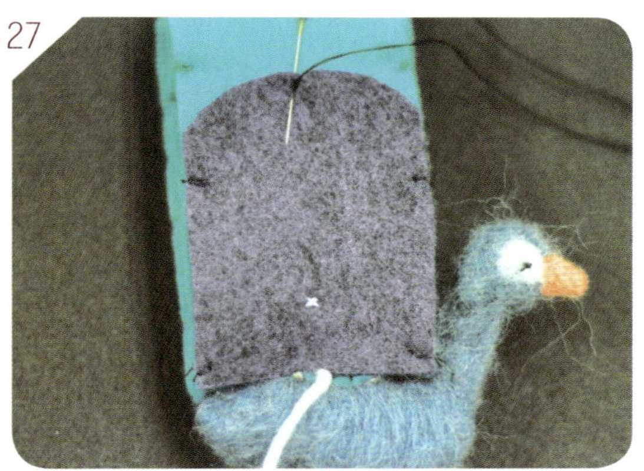

양쪽의 날개 부분에 바느질하여 실로 고정한다.

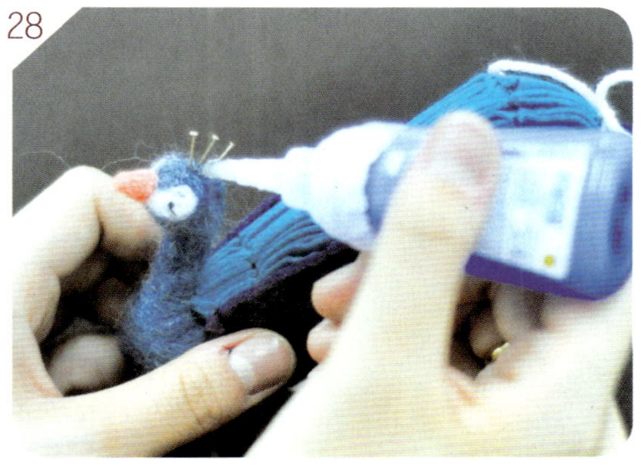

머리 부분에 t형 고리 3개를 적당한 길이로 자른 후 꽂
고 접착제를 바른다.

공예 철사를 이용해 끝을 약간 휘어주고 바느질로 몸통
과 고정하여 다리의 형태를 만든다.

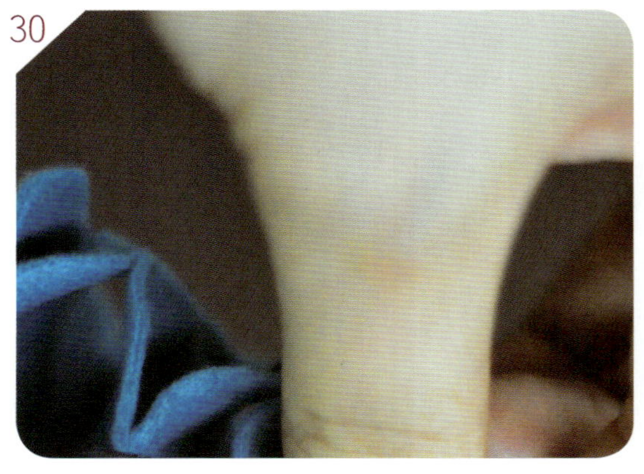 

30

날개 중심 부분에 털실을 고정시킨 후 매듭짓는다.

31

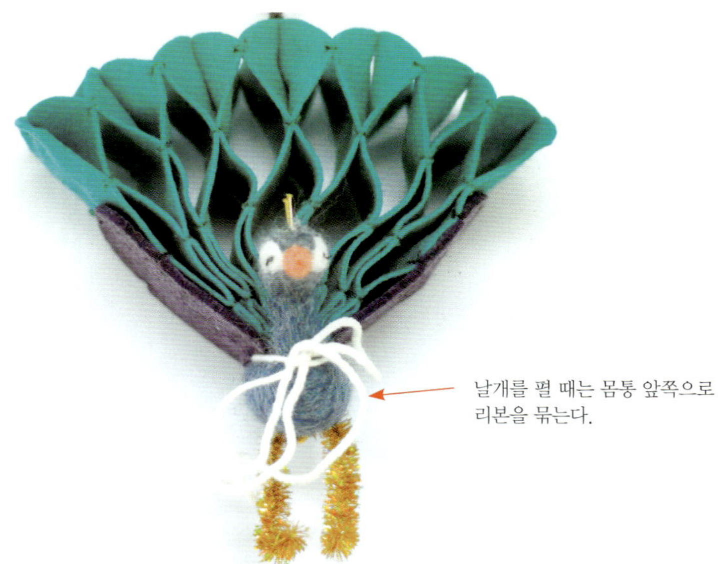

날개를 펼칠 때는 털실을 몸통 앞쪽에 리본으로 묶어 준다.

32

날개를 접을 때는 날개 위쪽으로 묶으면 된다.

33

완성

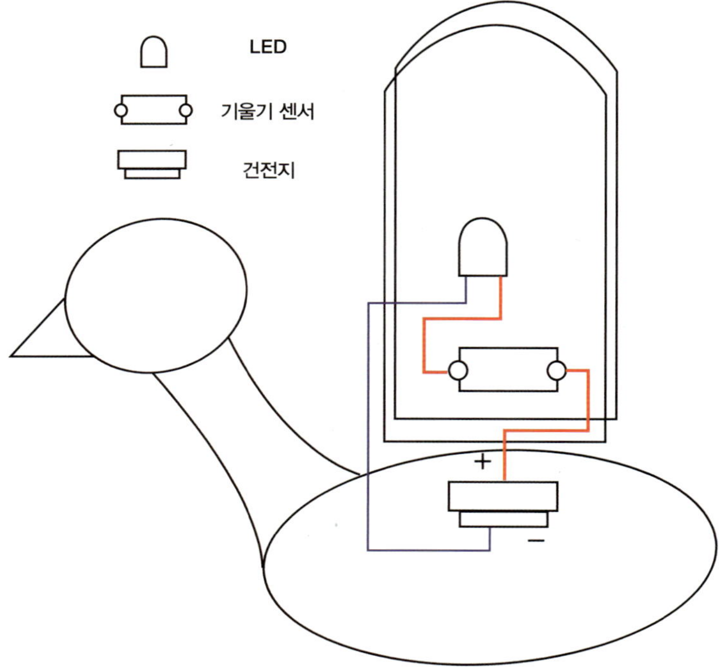

LED
기울기 센서
건전지
+
−

반짝반짝
애완견 리드줄

사랑스러운 애완견과의 산책, 깜깜한 밤 산책길에서도 애완견의 안전을 지켜주고 싶다면? 리드줄을 잡으면 반짝반짝 불이 들어오는 세상에 하나밖에 없는 리드줄을 만들어 보자. 애완견과의 교감도 높이고, 밤길 안전도 지켜줄 수 있어 일석이조의 효과!

제작원리 : 리드줄을 잡으면 센서가 압력을 감지해 광섬유에 불이 들어오는 원리

READY

준비물

주 사용 도트 리본 3yard(약 270cm)
리드줄 용 빨강 리본 2y(약 180cm)
검정 리본 2yard(약 180cm)
리본용 원단(10×30cm/10×10cm)
솜 약간(어른 주먹 크기 정도)
전도성 실
버클
조절링 2개
O링 2개
3v 전지
LED 전구 2개

누름 스위치
전기테이프
광섬유 60cm
하드 펠트(빨간색)
접착 펠트(검은색)
펀치(꼭 없어도 됨)

* 위의 재료는 7kg 애완견을 기준으로 삼았을 때의
재료로 애완견의 몸무게 및 사이즈에 따라서 줄의 길
이, 재질 등은 자유롭게 변화시킬 수 있다.

몸체 고정 줄 만들기

1

제작 전에 도트 리본을 각각 37cm, 38cm, 19cm, 20cm, 130cm의 길이로 잘라 둔다. 37cm 길이의 리본을 조절링 앞쪽을 지나도록 통과시키되 여유 있는 길이로 통과시킨다(조절링 오른쪽으로 10~15cm 정도 나오게 한다).

2

10~15cm 길이로 빼놓은 부분에 O링을 끼운 뒤 한쪽 끝을 다시 조절링 뒤쪽으로 들어가게 끼운다.

3

뒤쪽에서 리본 끝 부분 5mm 정도를 접어서 박음질한 후 고정시킨다.

tip

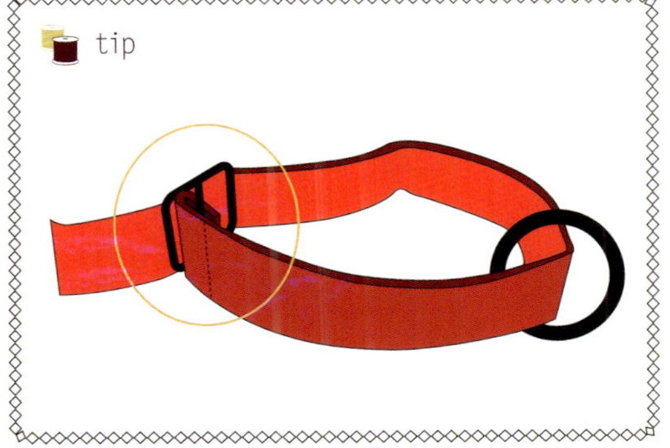

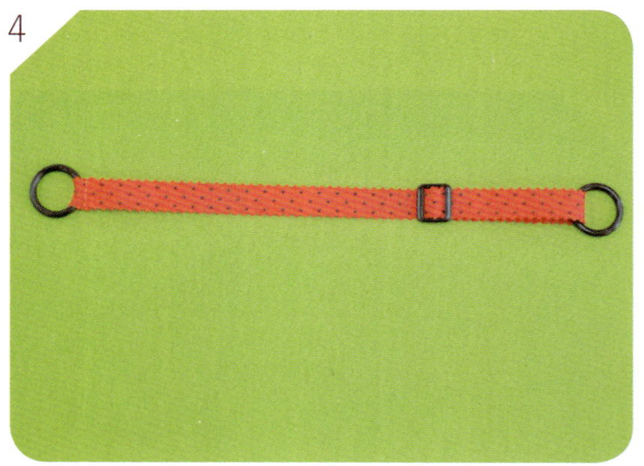

반대편도 링을 통과시켜 링 뒤쪽에서 접어서 박음질한
후 사진과 같은 모양이 되게 한다.

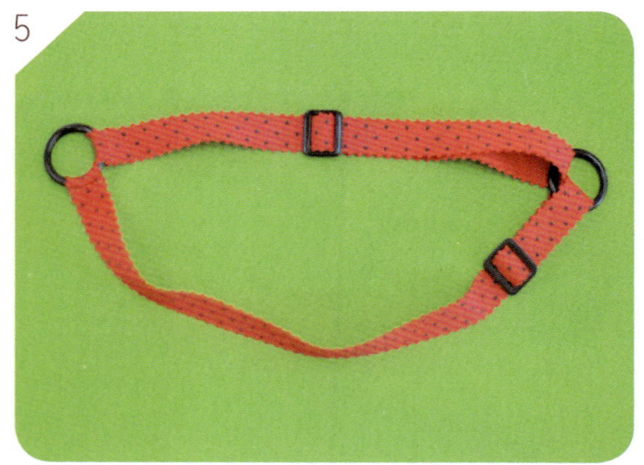

38cm의 리본에도 같은 방법으로 조절링을 끼워준 다음
4번에서 미리 만들어 둔 리본의 양쪽 O링에 끼워 박음
질해서 마무리한다. 이때 앞서 제작한 리본의 조절링을
가운데로 당겨 길이를 줄인 다음 위쪽에, 나중에 제작한
리본을 아래쪽에 오도록 해 사진과 같이 놓아 준다.

강아지 다리가 들어갈 공간을 만들기 위한 과정이다.
19cm 길이의 리본을 한쪽은 위쪽 줄에, 한쪽은 아래쪽
줄에 빙 둘러 감아준 다음 아래쪽을 박음질해 마무리한
다. 이때 리본의 두께만큼의 공간을 주고 접어서 박음질
해야 가운데를 가로지르는 줄을 좌우로 자유롭게 움직
일 수 있다.

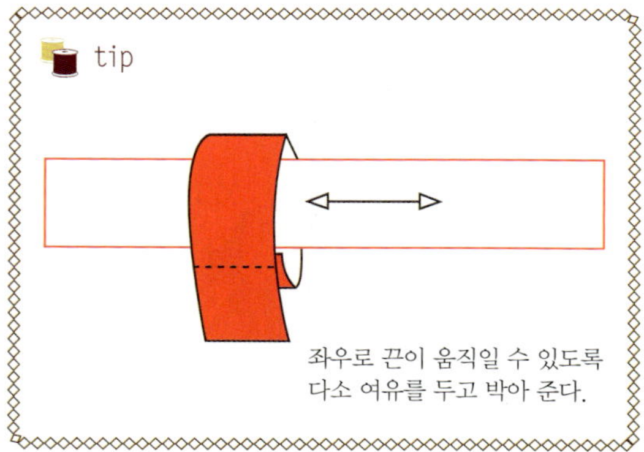

좌우로 끈이 움직일 수 있도록
다소 여유를 두고 박아 준다.

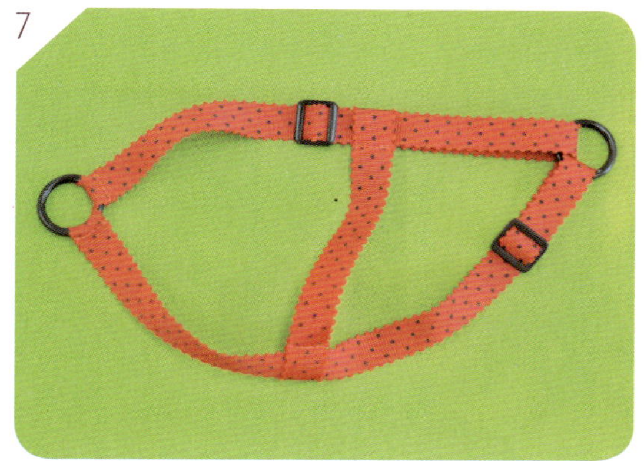

강아지 다리에 끼울 수 있는 부분이 완성된 모습. 강아지 사이즈에 따라서 적당히 줄을 조정해 간격을 맞춰 주도록 한다.

버클을 연결할 때는 강아지에게 만들어진 부분을 입혀 보고 그에 맞게 조절해서 박음질할 위치를 찾는다.

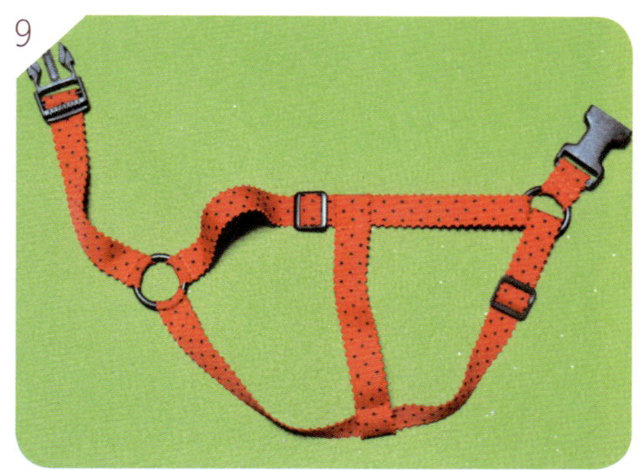

강아지의 몸 사이즈에 맞추어 양쪽 O링에 버클을 달아 마무리한다.

10

광섬유는 6cm 정도의 길이로 잘라서 5개 정도씩 묶어 준 다음 전기테이프로 아래 면이 평평해지도록 고정한 다.

11

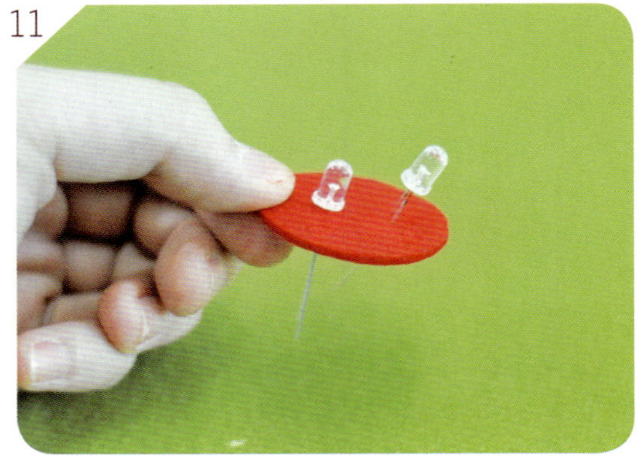

하드 펠트를 지름 3.5cm의 원 모양으로 자르고 LED를 꽂는다.

12

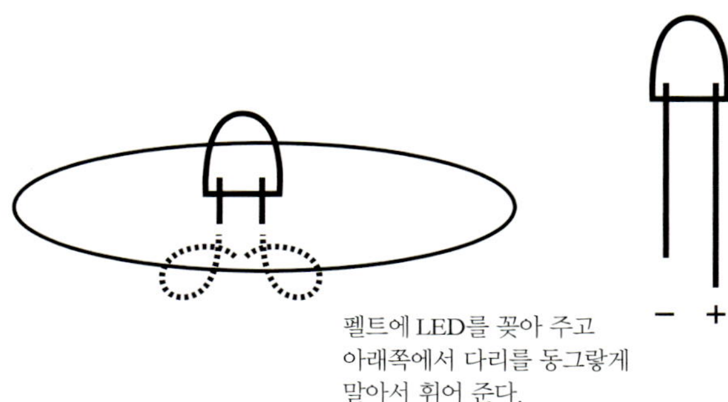

펠트에 LED를 꽂아 주고 아래쪽에서 다리를 동그랗게 말아서 휘어 준다.

뒤에서 고리를 만든 다음 각 극끼리 전도성 실로 연결 한다.

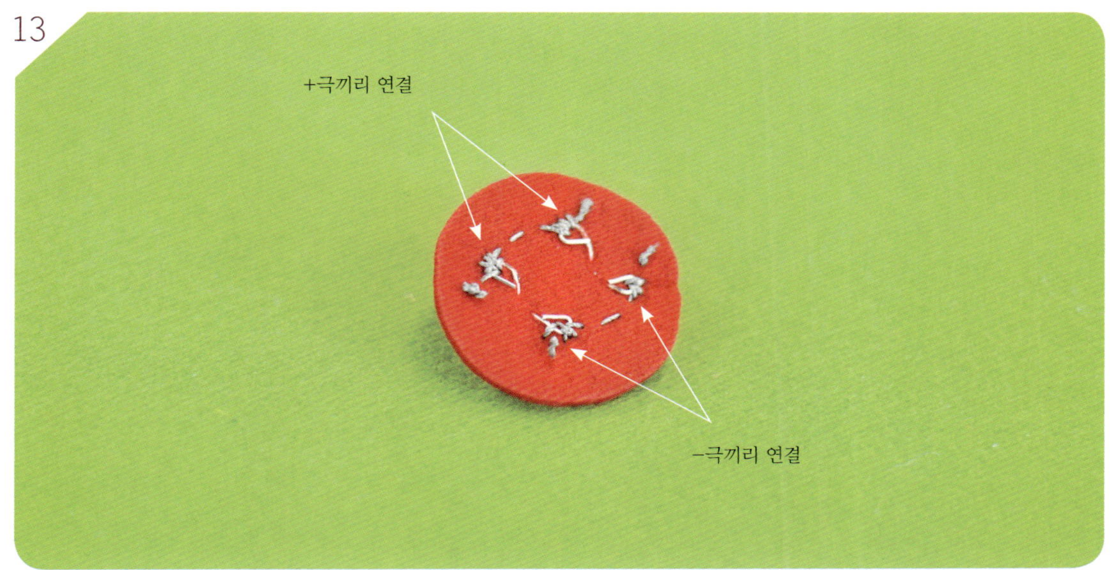

LED 전지는 다리가 긴 쪽이 +극이다. 따라서 펠트에 꽂아서 휘어 주기 전에 +극이나 −극이 혼동되지 않도록 색깔 펜으로 표시를 하면 좋다.

미리 만들어 둔 광섬유와 LED를 끝 부분에 잘 맞춰서 전기테이프로 고정해 연결한다. 이로써 빛을 발하는 부분의 베이스가 완성된다.

리본용 원단은 적당한 크기로 준비해 반을 접어 가운데
부분에 수를 크게 해서 홈질로 땀을 놓은 다음 잡아당겨
주름을 잡는다. 가운데 부분이 풀리지 않게 잘 고정한다.

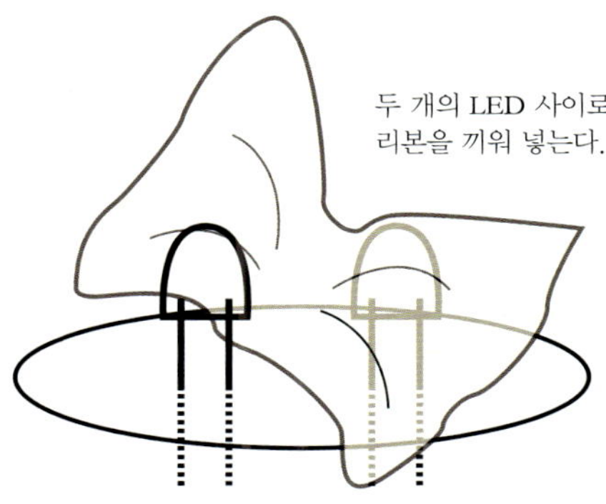

만든 리본을 반으로 접어서 LED 사이에 끼운 후 원형
모양 밑판에 바느질해 고정시킨다.

전기테이프가 보이지 않도록 솜을 리본 사이에 넣고 주변을 빙 둘러 솜이 빠지지 않도록 바느질하면 강아지 줄 뒷부분에 달아줄 리본 장식이 완성된다. 리본을 만드는 원단을 비치지 않는 원단으로 사용했다면 솜을 넣는 과정은 생략해도 된다.

18

리드줄로 사용할 도트 리본(약 130cm 길이)에 전도성 실로 일정한 간격으로 홈질을 한다. 처음 시작하는 부분에는 사진과 같이 접점을 수놓아 주고 그 다음으로 0.5cm 정도의 간격을 두며 홈질을 해 준다.

19

길이를 따라 쭉 홈질을 하다가 약 24cm 정도를 남겨 두고 바느질을 잠시 멈춘 다음 누름 스위치가 들어갈 구멍을 송곳으로 3개 뚫어 준다. 이때 누름 스위치의 아래쪽에 나와 있는 다리와 동일한 간격으로 구멍을 뚫어야 한다.

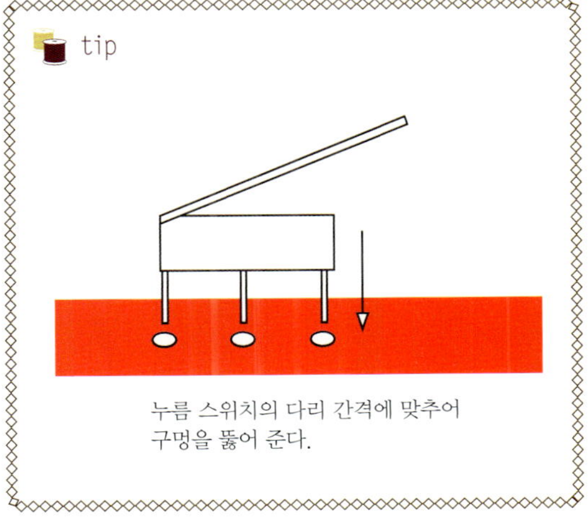

누름 스위치의 다리 간격에 맞추어 구멍을 뚫어 준다.

20

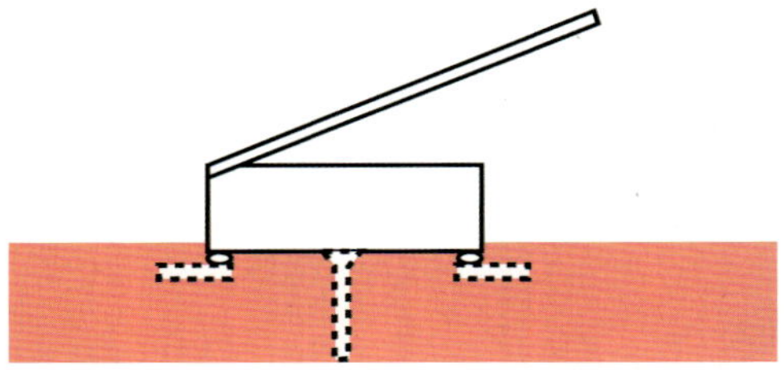

구멍을 뚫은 곳에 누름 스위치를 끼우고 가운데 부분 다
리를 제외한 양쪽을 접어 준다.

21

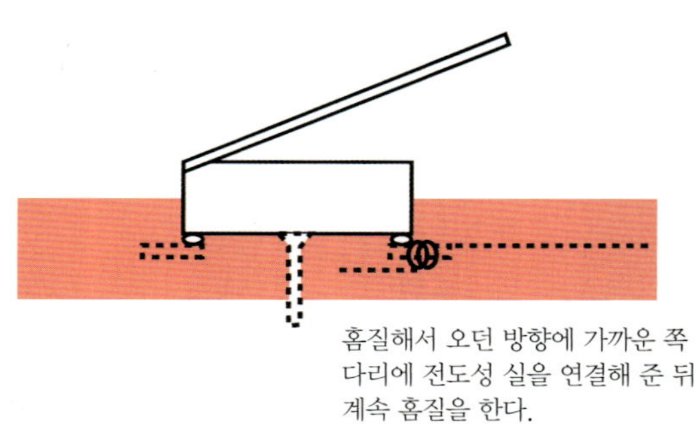

홈질해서 오던 방향에 가까운 쪽
다리에 전도성 실을 연결해 준 뒤
계속 홈질을 한다.

양쪽 다리 중 전도성 실로 바느질해 오던 부분에 가까운
방향에 있는 다리에 전도성 실을 연결한 뒤 끝까지 바느
질해 준다.

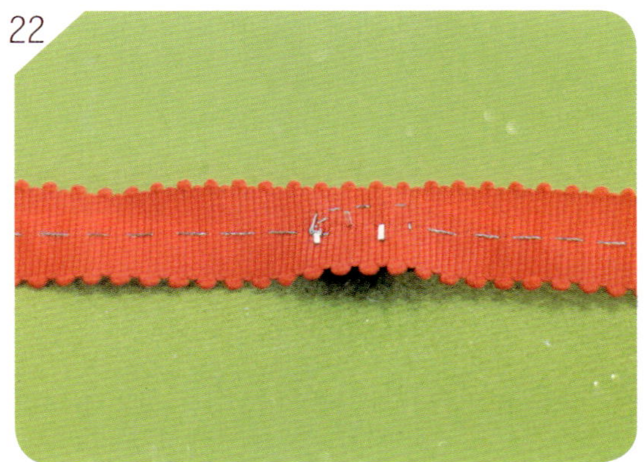

바느질해 오던 방향에서 가까운 다리 하나만 연결한다.

뒷면은 사진과 같은 모양이 된다.

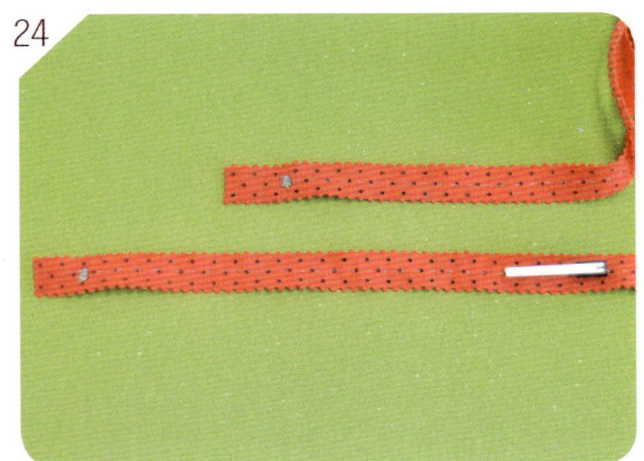

누름 스위치의 한쪽 다리를 연결한 뒤 나머지 부분에 전
도성 실로 홈질을 계속하고 마지막 부분에는 처음 시작
했을 때처럼 접점을 만들어 놓는다.

도트 리본의 뒷면에 도트 리본보다 너비가 좁은 리본(여기에서는 130cm 길이의 검은색 리본 사용)을 덧대어 글루건으로 고정시킨다. 리본을 덧대는 이유는 전도성 실이 다른 극과 만나지 않도록 하기 위한 것이다. 이때, 누름 스위치가 있는 부분은 검은색 리본에도 송곳을 이용해 구멍을 뚫어 가운데 다리를 빼준 뒤 글루건으로 고정해야 한다.

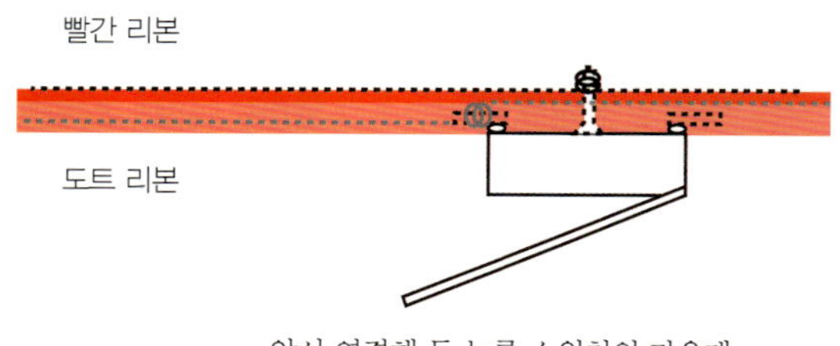

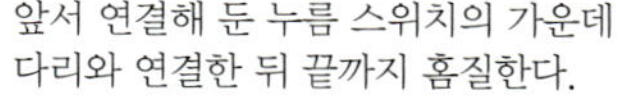

앞서 연결해 둔 누름 스위치의 가운데
다리와 연결한 뒤 끝까지 홈질한다.

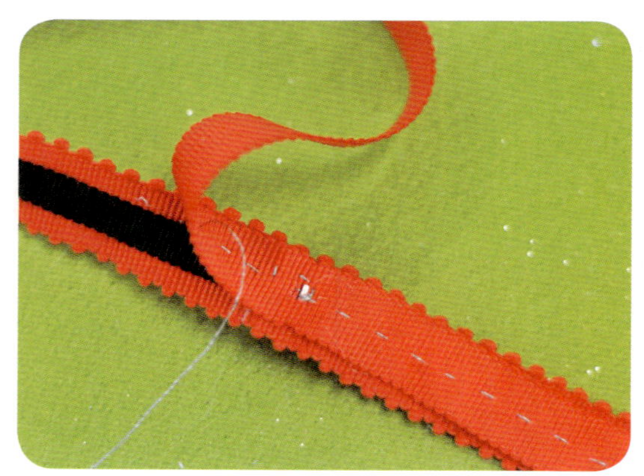

도트 리본과 검은 리본을 덧댄 뒤 도트 리본과 동일한 넓이의 빨간 리본(130cm)을 앞서 도트 리본에 한 것과 동일한 방법으로 전도성 실로 홈질을 해준다. 이때 리본을 맞대어 보아 앞서 만들어 놓은 도트 리본에 달려 있는 누름 스위치의 가운데 다리가 달려 있는 위치에 구멍을 뚫어 빨간 리본 바깥쪽으로 누름 스위치의 가운데 다리가 빠져 나오도록 해준다.
앞선 작업과 마찬가지 방법으로 누름 스위치 다리의 가운데 다리를 전도성 실로 연결해 준다. 그 다음 리본의 끝쪽까지 바느질하면서 도트 리본과 동일한 위치에 접점을 수놓은 뒤 마무리한다.

도트 리본과 빨간 리본을 글루건으로 붙인다. 단, 접점이
수놓아진 양쪽 끝 부분을 중심으로 3~4cm 정도는 붙이
지 않는다(바느질로 마무리할 수도 있지만 글루건을 사
용하면 간편하다).

누름 스위치가 노출되지 않도록 감싸기

스위치를 감쌀 재료를 재단한다. 디자인은 다양하게 변형할 수 있으나 여기에서는 빨간색 무당벌레 모양을 기준으로 재단했다.
(반짝이 리본에 사용한 원단 지름 7.7cm 크기의 원, 붉은색 하드 펠트 지름 5.5cm의 원 2개, 소프트 펠트 지름 3.5cm 원, 날
개에 사용할 지름 4.5cm의 반원으로 재단)

 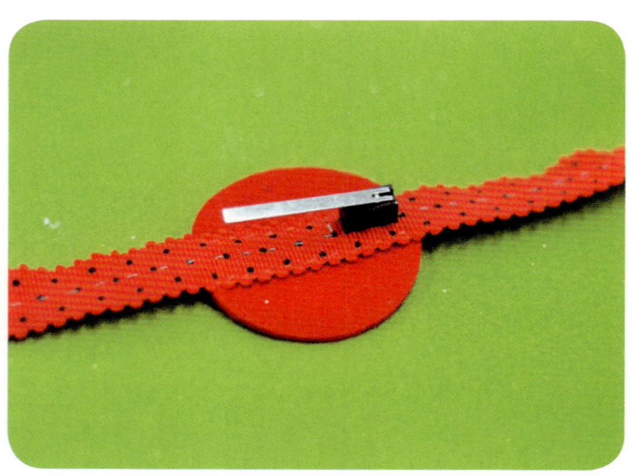

재단한 펠트(5.5cm의 원)를 누름 스위치가 있는 부분의
아랫면에 놓고 바느질해 고정한다.

반짝이 리본 원단을 5mm의 여유분을 두고 땀 수를 크
게 해서 바느질한다.

실을 조여서 모양을 잡고 스위치가 있는 하드 펠트와 고
정한다.

마감을 하기 전 솜을 넣어 스위치를 가리고 마무리한다.

검정 접착 펠트에 원형을 그린 뒤 잘라서(혹은 펀치 이용) 반원 모양의 날개를 붙여 장식을 하고, 스위치 부분에 꿰매어 무당벌레 모양을 만든다.

전지케이스 만들어 연결하기

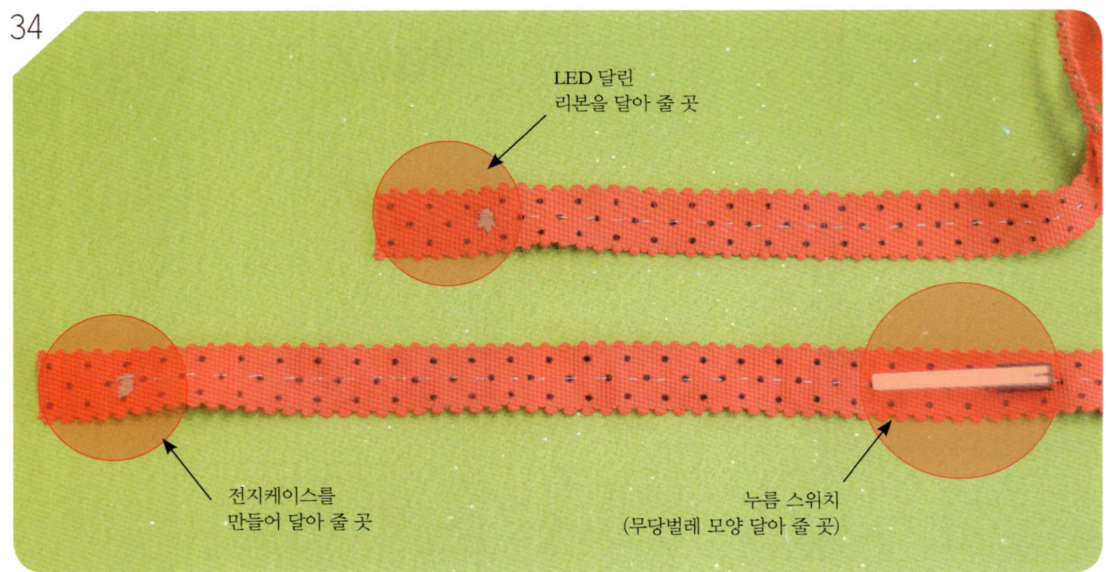

리드줄의 한쪽 끝에는 전지케이스가, 전지케이스 근처에는 누름 스위치가, 리드줄의 다른 한쪽 끝에는 LED가 달린 리본을 달 예정이다. 지금의 과정은 줄의 끝에 전지케이스를 만들어 기존에 만들어 둔 무당벌레 모양의 스위치 싸개와 연결시켜주는 과정이다.

빨간 리본의 접점(+) 있는 부분에 둥근 원형 펠트를 대
주고 빨간 리본에 수놓아 두었던 접점에서 전도성 실을
이용해 펠트를 통과해서 여러 번 바느질하여 이은 다음
마무리한다.

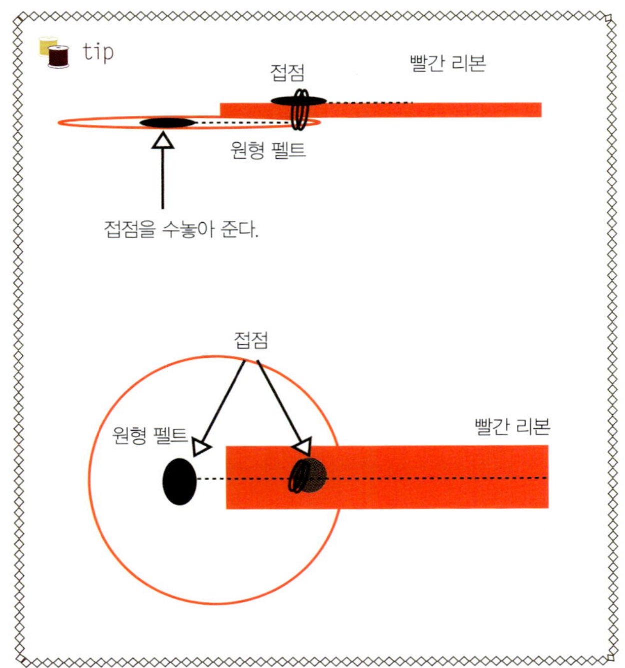

재단한 소프트 펠트(3.5cm 원)를 같은 방법으로 도트
리본과 연결하고 접점을 수놓아 준다. 이때 접점이 31번
에서 만들어 놓았던 펠트의 접점과 서로 맞닿을 수 있는
위치에 수놓도록 한다.

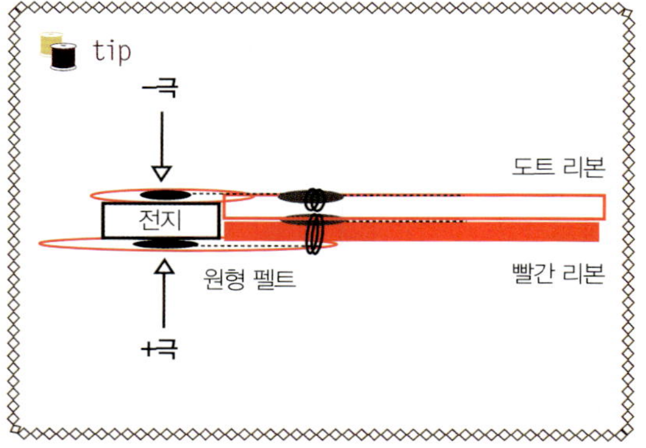

전지가 들어갈 수 있는 자리를 남겨 두고 바느질하여 고
정시킨다. 이렇게 되면 그림과 같이 아래쪽 하드 펠트
부분이 +극, 위쪽 소프트 펠트 부분이 −극인 전지케이
스가 만들어진다.

전지케이스와 스위치의 펠트끼리 글루건으로 부착한다.

누름 스위치 아래에 전지케이스가 부착된 모습.

앞서 만들어 둔 LED가 있는 리본을 긴 줄과 강아지 몸 줄에 부착하기

LED가 있는 리본을 강아지 몸 줄에 부착하기 전에 버클
이 있는 부분에서의 중심을 찾아 놓는다.

앞서 만들어 둔 LED의 － 부분과 도트 리본의 접점(－)을
전도성 실로 연결해 준다.

－극을 이어준 다음 LED의 +쪽 다리에서 전도성 실을 연결해 소프트 펠트를 통과해 빼놓은 다음 전도성 실을 통과시킨다.
그 다음 소프트 펠트를 덮어 주고 글루건으로 고정시킨다. 소프트 펠트를 덮어 주는 이유는 다른 극과 겹쳐 합선이 일어나
지 않도록 보호하기 위해서이다. LED의 +쪽 다리에서 미리 빼놓았던 전도성 실은 빨간 리본에 있는 +극의 접점과 연결한다.

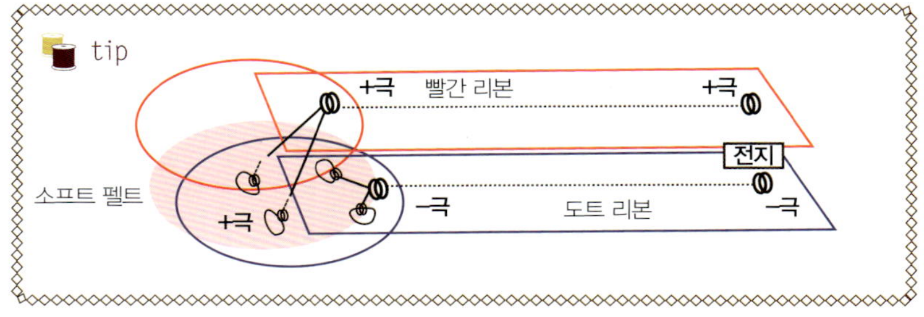

43

완성된 모습

44

39번에서 찾아서 표시해 둔 중심 부분을 사이에 두고
하드 펠트와 LED가 있는 펠트를 글루건으로 부착하고
버튼홀로 마감해 준다.

45

완성

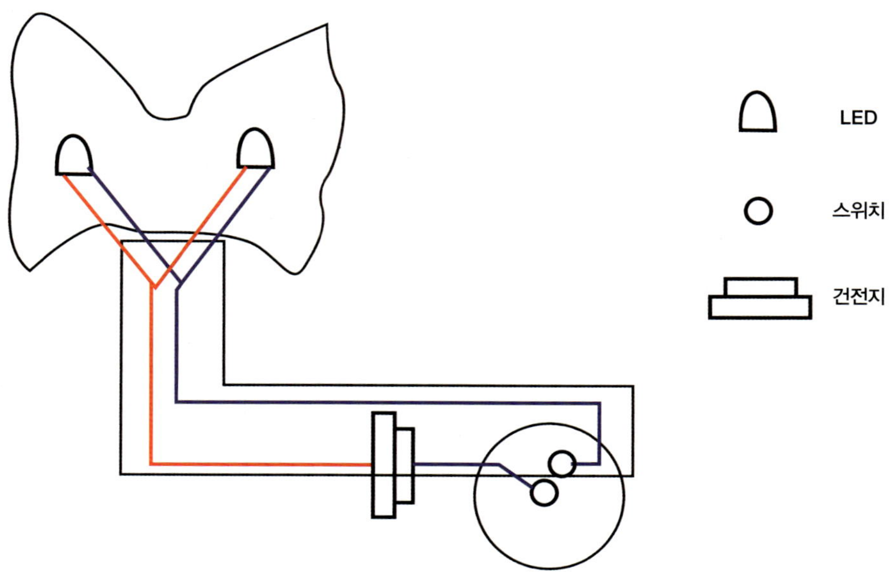

smart toy diy

× × ×

도안

* 만들고 싶은 크기로 확대 복사하여 사용하세요

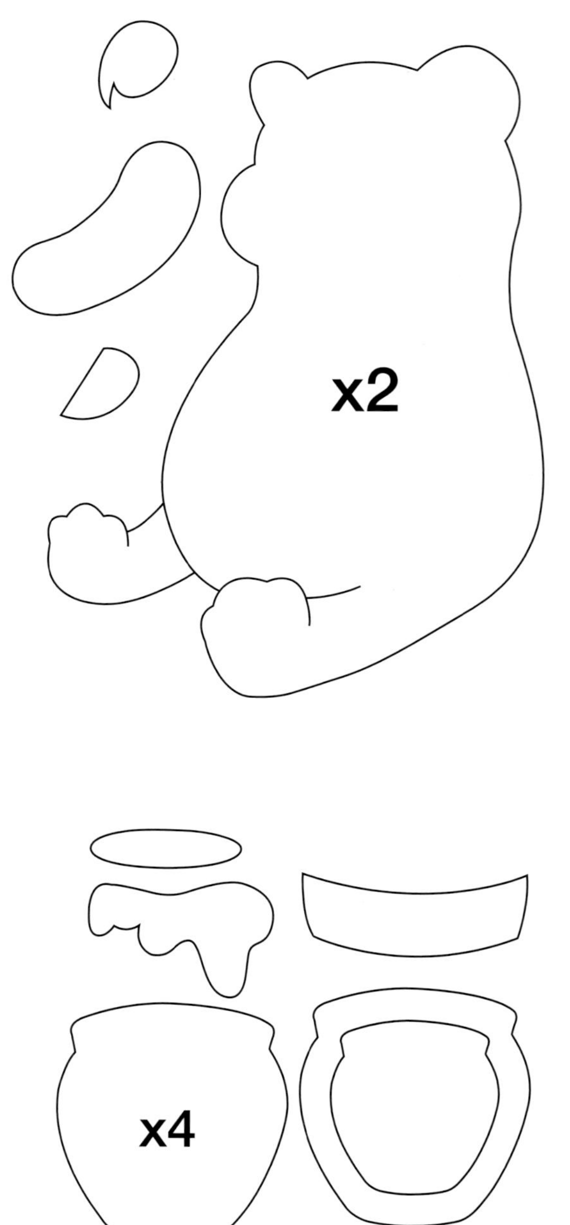

x2
x4

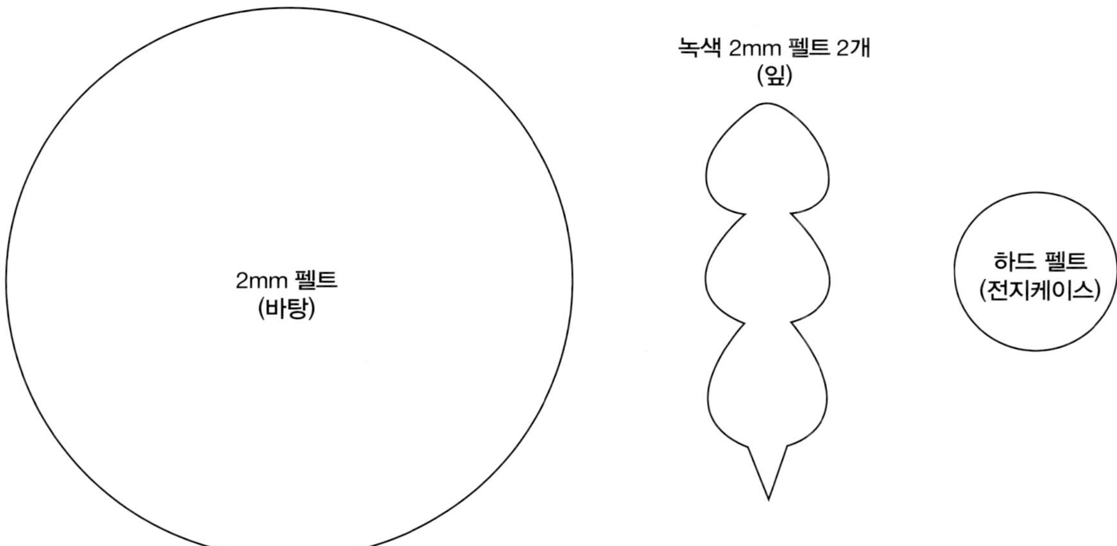
2mm 펠트
(바탕)
녹색 2mm 펠트 2개
(잎)
하드 펠트
(전지케이스)

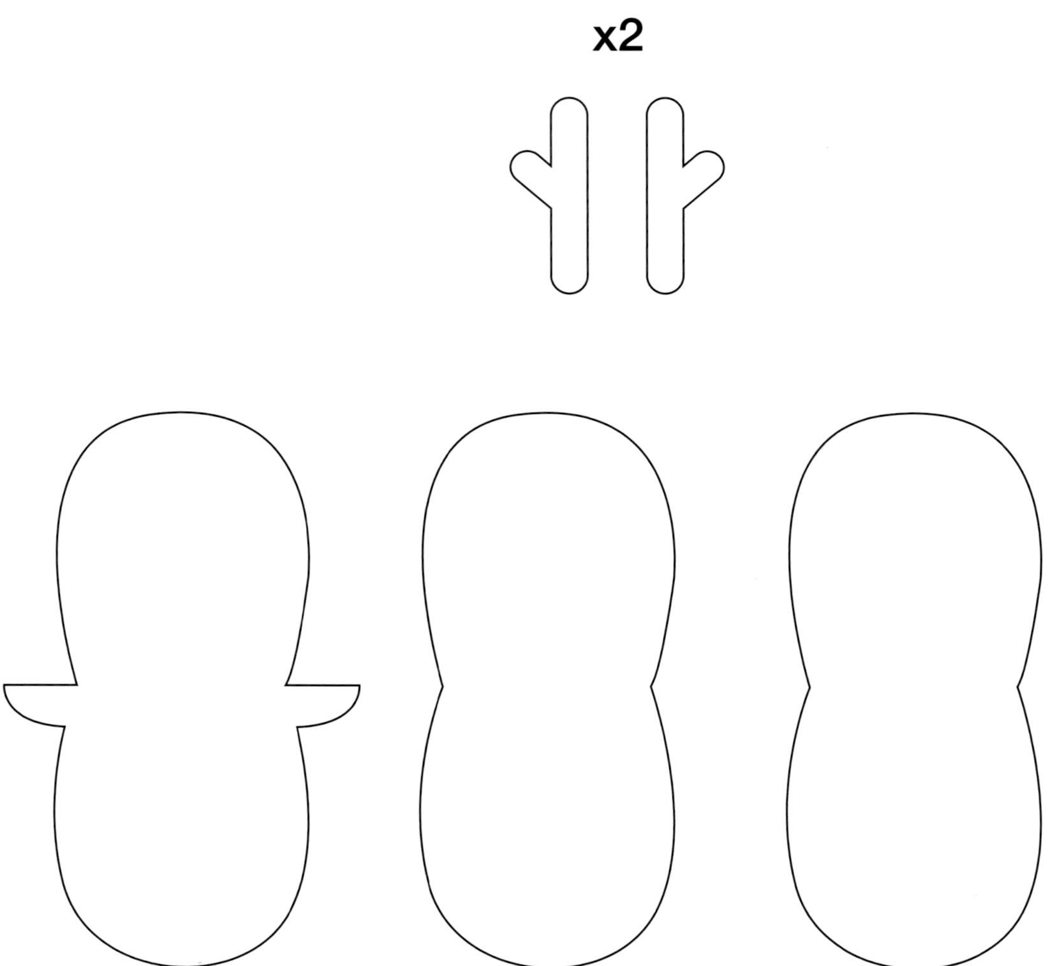
x2

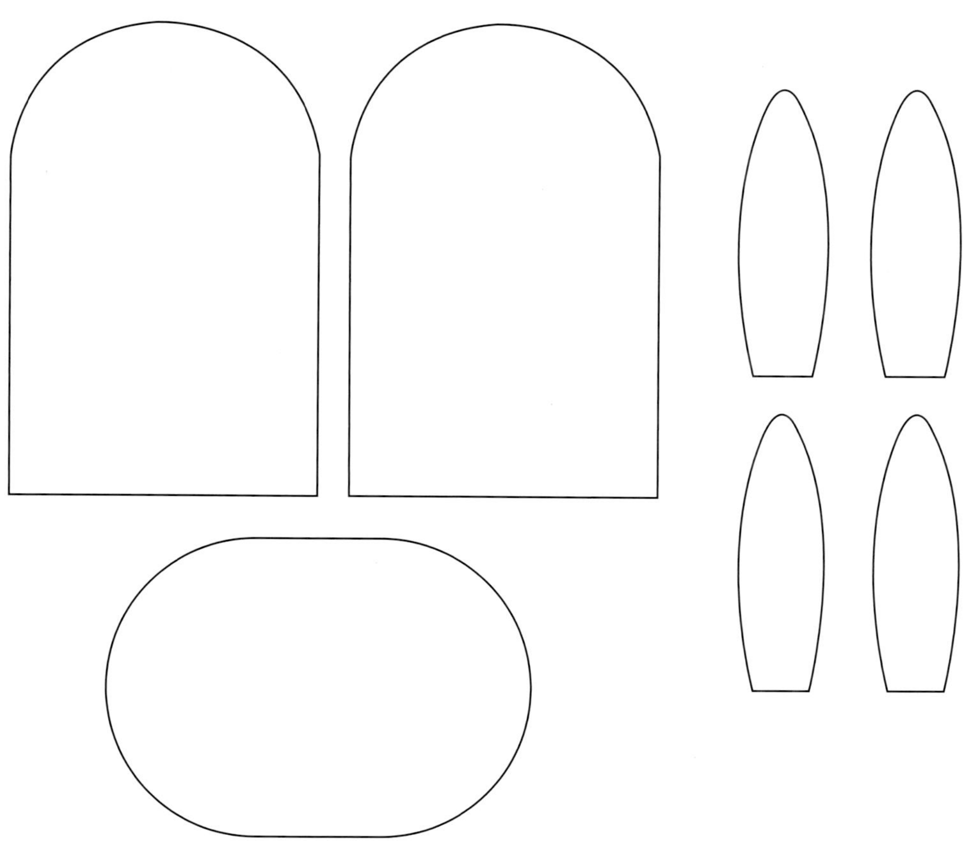

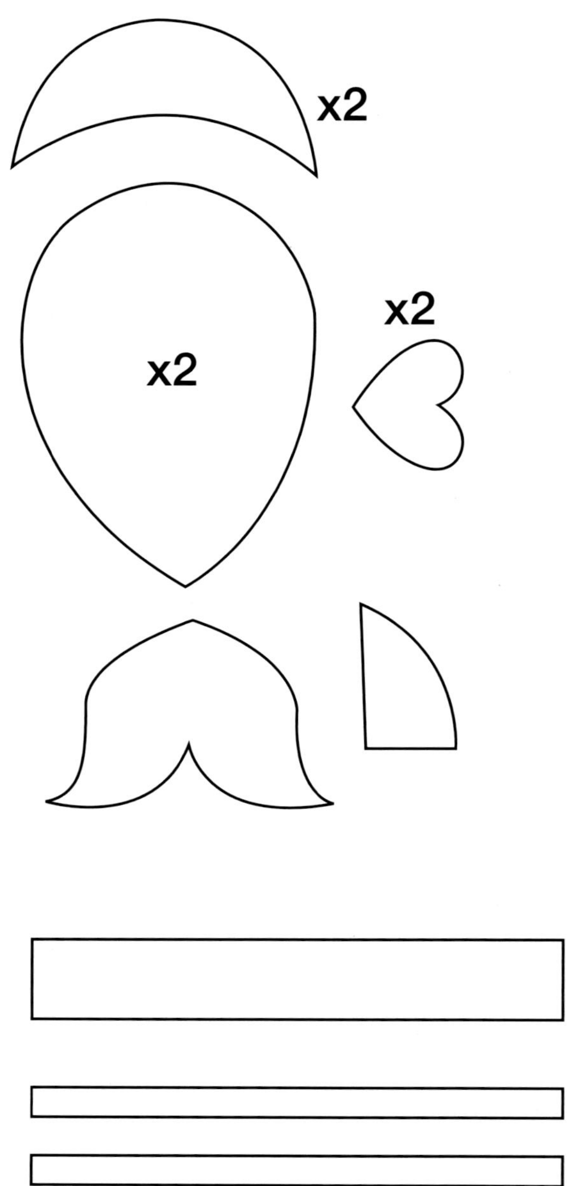

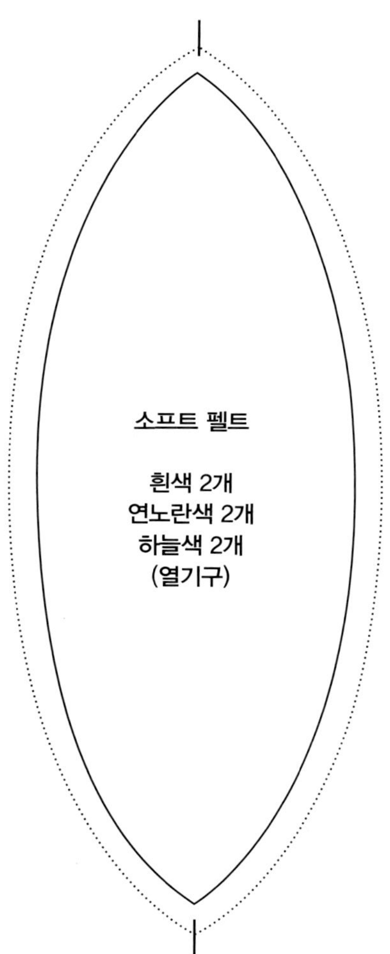
소프트 펠트

흰색 2개
연노란색 2개
하늘색 2개
(열기구)

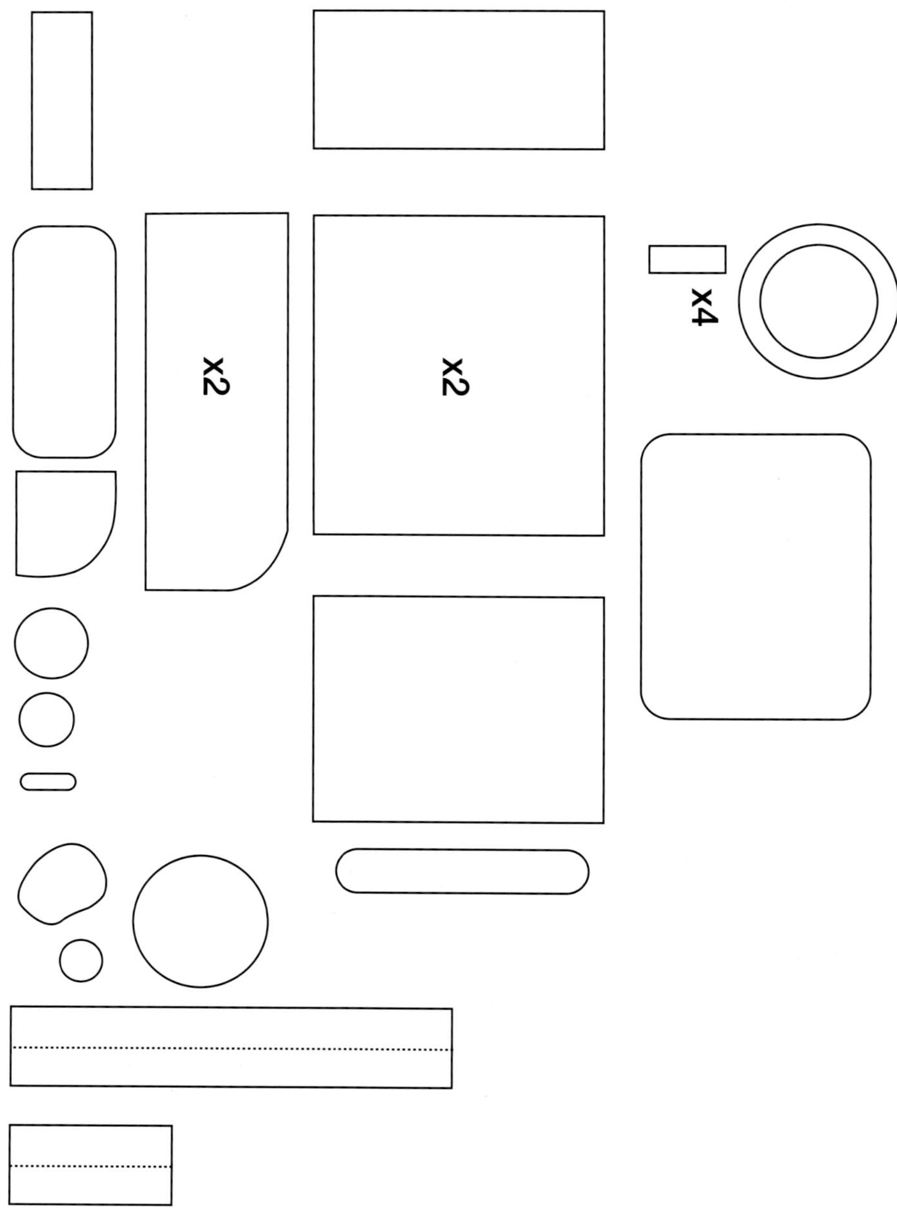
x2
x2
x4

카메라 파우치

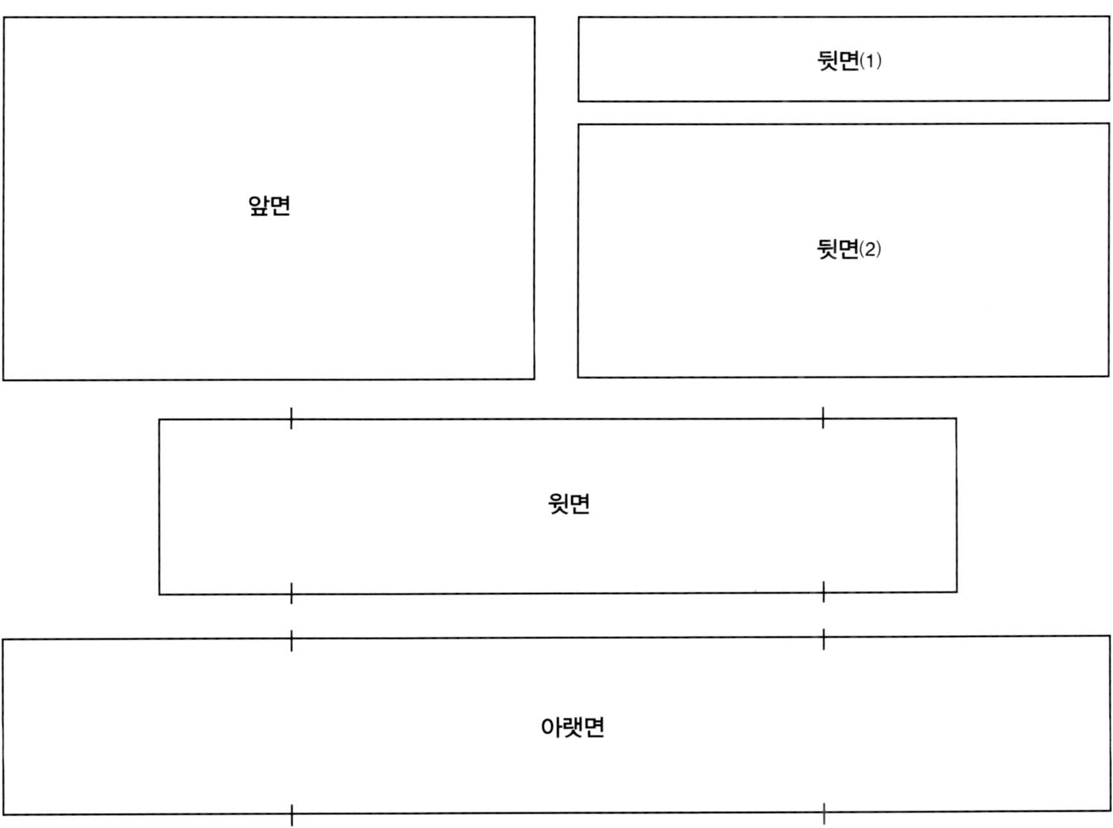

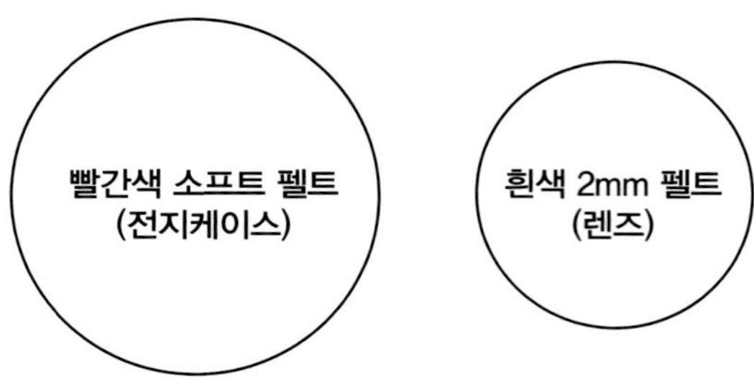

빨간색 소프트 펠트
(전지케이스)
흰색 2mm 펠트
(렌즈)
흰색 2mm 펠트
(뷰파인더)

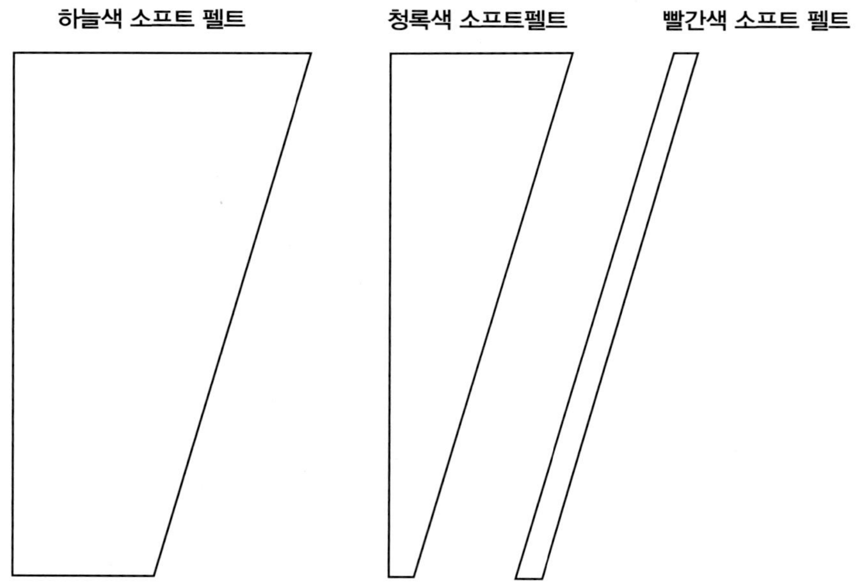

하늘색 소프트 펠트
청록색 소프트펠트
빨간색 소프트 펠트

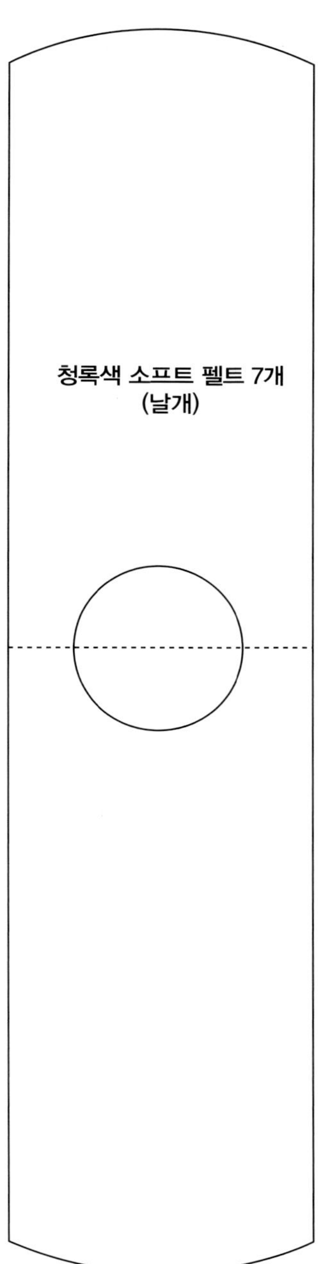
청록색 소프트 펠트 7개
(날개)

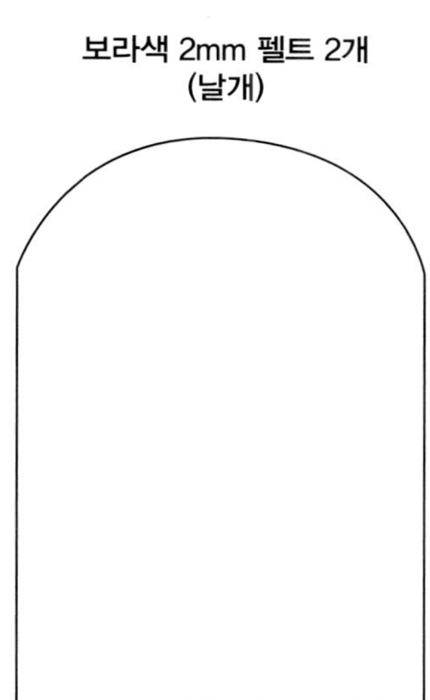
보라색 2mm 펠트 2개
(날개)

반짝반짝 애완견 리드줄

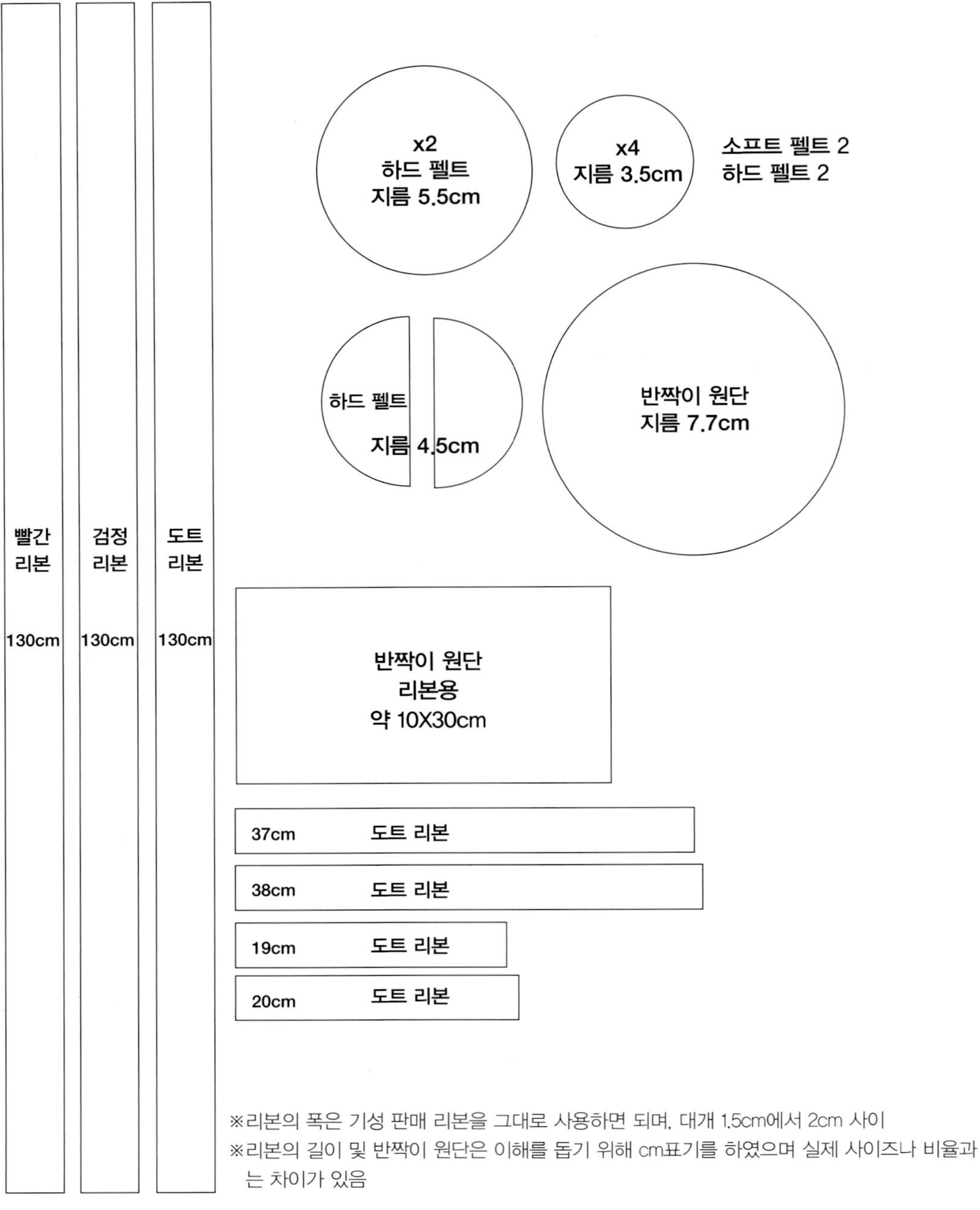

※리본의 폭은 기성 판매 리본을 그대로 사용하면 되며, 대개 1.5cm에서 2cm 사이
※리본의 길이 및 반짝이 원단은 이해를 돕기 위해 cm표기를 하였으며 실제 사이즈나 비율과
　는 차이가 있음